# 我想遇见这样的大人

与青春期孩子共情的父母话术

[韩] 李林淑 / 著
陈彦桦 / 译

中国传媒大学出版社
·北京·

图书在版编目（CIP）数据

我想遇见这样的大人：与青春期孩子共情的父母话术 /（韩）李林淑著；陈彦桦译. -- 北京：中国传媒大学出版社, 2025.11. -- ISBN 978-7-5657-3908-8

Ⅰ. G78

中国国家版本馆 CIP 数据核字第 20250HJ156 号

Original Title : 아이의 방문을 열기전에
"아이의 방문을 열기전에" by Lee Im-Sook
Copyright © 2019 by Lee Im-Sook
All rights reserved.
Original Korean edition published by Changbi Publishers, Inc.
The Simplified Chinese Language edition © 2025 Beijing Jinri Jinzhong Bookselling Center
The Simplified Chinese translation rights arranged with Changbi Publishers, Inc.
through Enters Korea Co., Ltd., Korea.

本中文简体版由北京今日今中图书销售中心授权中国传媒大学出版社在中国大陆出版。非经书面同意，不得以任何形式任意复制、转载。

北京市版权局著作权合同登记图字：01-2023-0229 号

## 我想遇见这样的大人：与青春期孩子共情的父母话术
WO XIANG YUJIAN ZHEYANG DE DAREN: YU QINGCHUNQI HAIZI GONGQING DE FUMU HUASHU

| 著　　者 | [韩] 李林淑 |
|---|---|
| 译　　者 | 陈彦桦 |
| 策　　划 | 马双才 |
| 责任编辑 | 欧丽娜 |
| 责任印制 | 秦　英 |
| 封面设计 | 北京今日今中 |

| 出版发行 | 中国传媒大学出版社 | | | |
|---|---|---|---|---|
| 社　　址 | 北京市朝阳区定福庄东街 1 号 | 邮　编 | 100024 |
| 电　　话 | 86-10-65450528　65450532 | 传　真 | 65779405 |
| 网　　址 | http://cucp.cuc.edu.cn | | |
| 经　　销 | 全国新华书店 | | |

| 印　　刷 | 北京荣泰印刷有限公司 |
|---|---|
| 开　　本 | 880mm × 1230mm　1/32 |
| 印　　张 | 7.5 |
| 字　　数 | 149 千字 |
| 版　　次 | 2025 年 11 月第 1 版 |
| 印　　次 | 2025 年 11 月第 1 次印刷 |

| 书　　号 | ISBN 978-7-5657-3908-8 | 定　价 | 49.80 元 |
|---|---|---|---|

本社法律顾问：北京嘉润律师事务所　郭建平

## 序 言

# 假如回到15岁，
# 你想跟父母请求什么帮助？

○
○
○

我很遗憾自己在青少年时期过得不是很好，也很想帮助现在的青少年，所以我努力去了解自己的孩子，并抛出这样一个问题问自己。

"假如回到15岁，我想跟父母请求什么帮助？"

高中时，我有一个好朋友，他学习不好，性格也不算活泼，总之是一个缺乏存在感的人。可是某一天，朋友突然像换了一个人。他变得开朗大方，颇有领导者的风范，成绩更是突飞猛进。大家都很好奇他为什么会有如此大的变化。后来听说他的转变跟一位大人有关，而这位大人究竟是他的父母，还是学校的老师，我们不得而知。不过，我们这些听到此传闻的朋友，个个都对他投去羡慕的目光。大家心中不约而同地出现这样一个声音：

"我也想遇见这样的大人。"

实际上，很多青少年都会感到彷徨无助，他们认为读书无趣，身上过剩的精力又无处发泄，整天只知道玩耍，他们也希望能遇到一位可以帮助自己平复心情、为自己指明方向的大人。

现在的青少年与过去的青少年甚是不同：他们沉迷于电脑游戏和社交网站，崇拜偶像艺人；他们听不进老掉牙的忠告和劝诫，心里充满了愤怒与不安，容易产生叛逆和攻击行为。因此大人不仅难以接近他们，甚至还会对他们感到畏惧。

但是，无论现在的孩子行为如何改变，其内心的渴望和忧虑与过去的孩子并无二致。他们同样想成为受人认可、有所作为的人，他们同样对未来充满恐惧和迷茫。即便是那些看似一帆风顺的孩子,其内心深处也会恐惧未来,担忧自己做得不够好。因此他们渴望身边能够出现一位大人安抚自己浮躁的内心,带领自己走出空虚迷茫的内心世界。身为父母,你如果想要帮助孩子顺利地度过这个躁动的青春期,不妨试想一下:假如自己回到十几岁,你希望父母能够给予什么样的帮助?

希望父母能真正地关心我;

希望父母能认可我的努力与成绩;

希望父母把我培养成一个成绩出众的孩子;

希望父母能允许我追寻自己喜欢的事物;

希望父母能在我遇到危险或误入歧途时坚定不移地站在我的身旁保护我。

我相信很多家长都希望自己能够成为孩子的理想父母,而成为理想父母的第一步就是打开孩子的心扉。法国作家安托万·德·圣·埃克苏佩里借着《小王子》一书告诉大家:"获得人心是世界上最困难的事。"诚然如他所说,想要俘获一个人的心非常不容易,但是父母与子女的关系非同寻常,即使是关上房门不愿被任何声音打扰的青少年,也仍然恳切地期待父母能在他们伤心时给予安慰，希望父母能用一些暖心的话语温暖他们疲惫的心灵，从而让他们的内心变得更加平静和坚强。

因此，父母在叩击十几岁孩子的心扉之前，首先应该知晓他们期待的是什么，还要了解应该以怎样的态度面对他们，以及应该跟他们说什么样的话。只要父母多倾注一些心思，孩子定会以灿烂的笑容给予回应。虽然我提供的方法并不是万能钥匙，未必能打开所有孩子的心扉，但我仍然期待各位能够通过本书获得启发，亲自摸索出开启孩子心锁的那把合适的钥匙。

愿我们的孩子都能健康快乐地成长，顺利度过青春期这段至关重要的魔法时光。

李林淑

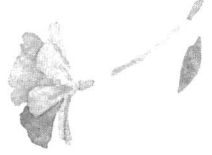

# 目 录

## 第一章
### 我家的孩子为什么会这样？ / 01

青少年最大的烦恼 / 03
孩子变心，父母生气 / 12
矛盾爆发，父母后悔 / 23
我家的孩子能改变吗？ / 37

## 第二章

### 窥探孩子内心之前应该知道的事情 / 47

父母应该知道的青少年心理①
**父母的反馈决定孩子的内心方向** / 49

父母应该知道的青少年心理②
**假想观众正在看我** / 59

父母应该知道的青少年心理③
**我很特别,你们都不懂我** / 69

父母应该知道的青少年心理④
**如果不能遵从自己的个性,问题就会更多** / 76

父母应该知道的青少年心理⑤
**为找寻自我而烦恼和彷徨** / 84

**这些都是正常现象** / 95

**这些才是危险信号** / 102

## 第三章

### 与青少年的沟通方式要不一样 / 117

**孩子的心理咨询师** / 119
**和孩子进行一场有效沟通** / 124

与青少年共情的五阶段沟通法①
**停止** / 132

与青少年共情的五阶段沟通法②
**一起笑** / 143

与青少年共情的五阶段沟通法③
**相信、认同、感谢** / 151

与青少年共情的五阶段沟通法④
**发掘孩子的积极意识** / 162

与青少年共情的五阶段沟通法⑤
**培养认知乐趣** / 172

第四章

# 我也有希望吗? / 187

**若想帮助长期受挫折困扰的孩子** / 189
**曾经一路顺遂的孩子"变坏了"** / 210

**后　记**　　与青少年沟通的
　　　　　　10 条原则 / 225

# 第一章

## 我家的孩子为什么会这样？

# 青少年
# 最大的烦恼

**父母们焦虑不安的心情**

在如黄金般珍贵的青少年时期,我家的孩子为什么会是这副模样?

在这个本应热血沸腾、努力拼搏的重要时期,我家的孩子为什么总是无精打采、无所事事?

我到底该怎么做,孩子才会有所改变?

父母焦急万分的心情,孩子能够理解吗?

在父母看来,处于青春期的孩子似乎对自己的未来毫不在意,一有空就拿起手机玩游戏或浏览社交网站,把学习丢在一边,成绩更是一路下滑。父母原以为孩子可能拥有特殊的才能或兴趣爱好，但他似乎对任何事都漠不关心，没有一点儿年轻人该有的激情和好奇心。父母就这样默默地注视着孩子，想要推他一把，却又无从下手，因此心急如焚。

虽然有学者指出，父母希望自己的孩子成绩优异其实是一种过度的欲望，很有可能会导致孩子厌学，但是如果对孩子放任不管，他就能考入一所好大学吗？父母的内心充满矛盾。自己的孩子既没有遭到同学的霸凌，也没有闯祸，每天都乖乖地上学，身为父母，我们应该谢天谢地，可是心里却忍不住地羡慕别人家热爱学习的孩子。

很多父母面对这样的青少年子女，心急如焚，却又不知所措，因此希望我能告诉他们该怎么办，有没有什么好方法可以改变他们的孩子。自从我做心理咨询工作以来，如何疏解父母内心的焦灼情绪和孩子的郁闷心结是我每天24小时都在苦恼的问题。最好的办法就是能有一根魔法棒，轻轻一挥就可以改变孩子，可世界上没有这种东西。事实上，青少年的心理健康问题一直是精神科医生和心理咨询师面临的一大难题。换句话说，想要驱散青少年内心的迷茫，引导他们走入正途，很不容易。为什么这么难？为什么青少年不去努力改变自己，而喜欢把问题都归咎于父母或周围的环境？难道这个世界上没有可以改变青少年的妙招吗？

寻找答案之前，我们需要先了解一个重要的事实：我们之所以觉得改变孩子很难，最主要的原因就是我们总是以父母的视角来看待孩子的问题行为。父母陈述的全都是事实吗？难道青少年真的就如父母所说，没有任何想法，只知道玩手机吗？我身为一位成年人，当然更能理解父母或教师的心情。因此，在深入了解孩子的内心世界之前，我也总是以大人的眼光批判孩子的行为。

可是当我正式从事心理咨询工作，并了解了青少年们真实的内心想法之后，相较于担忧，我更为他们感到惋惜。事实上，孩子的大部分问题行为，皆源于父母从孩子小时候就一直将其视为问题看待，或是父母总是按照自己的认知方式去养育孩子。或许比起改变孩子，更难改变的是父母对孩子的负面看法与固有观念。因此，现在正在为孩子的问题行为而感到烦恼的父母们，必须先放下自己的偏见，认真检视一下自己的孩子是否真的有问题。他们真的有这么多问题吗？他们到底在想什么？你了解他们的内心吗？

与许多所谓"问题青少年"聊过以后，我最终意识到，他们虽然有些狂妄，但依旧渴望拥有富有意义与价值的生活。由于不知道该怎么做，他们只能跺脚生气。内心焦虑，可是不知道解决办法，这让他们感到迷茫。他们如果将这种心情告诉父母或老师，那么得到的唯一答案就是"努力学习"。可是对他们来说，坐在书桌前一动不动地拼命学习，既无乐趣又无成就，学了也是白学，这再度让他们内心混沌。那些前来寻求心理咨询的青少年，其中也有不少希望我能为他们的学习支招。由此可见，不光是父母担心孩子不爱学习，孩子也对自己不爱学习的行为感到焦虑。

实际上，面对自己糟糕的学习成绩，孩子们的烦恼远胜于父母，但他们把自己的烦恼告诉父母之后，大部分父母不仅不信，还会反问道："既然这么烦恼，为什么不能好好学习呢？"父母倘若能够记得自己青少年时期的模样，或许就能更加理解孩子内心的想法了。但令人惋惜的是，父母很少有精力去探究孩子的内心世界。

想让一个人的行为突然产生一百八十度的转变，其实不太可能。只有内心世界发生改变，他的行为才会随之改变。所以，要想改正孩子的行为，父母就要先理解孩子的内心，抛开自己原来看待孩子的视角，这样才能窥探出孩子内在的可能性和潜力。现在，让我们开始正式了解青少年的心理吧！

## 青少年最大的烦恼

出人意料的是，许多青少年看似无忧无虑，但其实他们内心的烦恼并不比父母少。2018 年，韩国统计局以 39000 名 13 岁以上的韩国人为对象进行调查，其发布的《2018 年社会调查报告》显示，13~18 岁的青少年最大的烦恼是"学习（包含成绩和职业能力倾向）"，占比为 47.3%；其次为外貌（13.1%）和就业（12.3%）；剩下的依次为零花钱少（5.8%）、同学关系（4.5%）、身心健康（4.0%）……度过令人痛苦的中学阶段，当孩子进入 19~24 岁的青年中期，他们最大的烦恼则从学习问题转变为就业问题（45.1%）。

**青少年的烦恼**

| | 外貌 | 身心健康 | 家庭环境 | 家庭经济困难 | 零花钱少 | 学习(成绩、职业能力倾向) | 就业 | 同学关系(友情) | 异性问题(包含性问题) | 其他 | 没有烦恼 | 总计 |
|---|---|---|---|---|---|---|---|---|---|---|---|---|
| 2018年(13~18岁) | 13.1 | 4.0 | 1.6 | 2.4 | 5.8 | 47.3 | 12.3 | 4.5 | 1.4 | 2.3 | 5.3 | 100.0 |
| 2018年(19~24岁) | 9.0 | 6.6 | 1.9 | 6.8 | 4.2 | 14.9 | 45.1 | 0.8 | 2.2 | 1.3 | 7.2 | 100.0 |
| 2018年(平均) | 10.9 | 5.4 | 1.7 | 4.8 | 4.9 | 29.6 | 30.2 | 2.5 | 1.8 | 1.8 | 6.4 | 100.0 |

其他包括：吸烟、饮酒、校园霸凌、沉迷网络　　　　　　　　　　（单位：%）

此外，成绩与升学问题同为青少年悲观厌世的主要原因。参与调查的13~19岁青少年中，过去一年"曾产生过轻生念头"的人占4.4%，其中最主要的原因就是成绩与升学问题（35.7%），其次为经济困难（14.5%）、家庭不和谐（14.0%）、内心孤独（13.1%）和同学关系问题（11.1%）等。

以上统计数据显示，导致孩子焦虑和痛苦的最主要原因不是身心健康问题、同学关系问题、异性问题或校园霸凌问题，而是学习问题。不只父母担忧孩子的学业，孩子同样关注自己的学业，其渴望取得优异成绩的心情不亚于父母。父母的期盼无论多么强烈，都比不过孩子自己想要取得成就、渴望拥有一份好职业的心情。

这也是很多父母对孩子误解最深之处。他们希望自己的子女未来能够拥有美好的生活，却以为孩子对自己的未来漠不关心，只有自己为此操碎了心。因此，父母总是站在子女的前方，努力地拉着他们前进，殊不知这样有时会适得其反，把迷茫的青少年从内心受挫的沼泽引向内心绝望的深渊。

> 早自习时间趴着睡觉，醒来后发现第三节课结束了。
> 如果能一觉睡到放学该有多好啊。
> ——某高一男生

有些孩子去了学校不好好学习，却在课堂上睡觉，荒废宝贵的时光。假设父母或老师因此而教训他们，内心痛苦的孩子们接下来会发生什么事呢？

> 想过一个人在生日那天离开这个世界。
> 或者干脆在生日之前就离开。
> 生日马上就要到了，但我……下次考试之前，我一定会离开。
> ——某初三女生

写出上面这些话的女生学习很努力，成绩中等偏上，身边也有两位挚友。但她脸上的笑容已消失许久，偶尔手腕还会出现伤痕，妈妈问起，她说是自己不小心抓伤的。妈妈看到她每天无精打采地去上学，于是语重心长地对她说："要努力学习，上课时要专心听讲。"

妈妈以为孩子心情不佳是因为和同学发生了矛盾，由于担心，她偷偷地翻看了孩子的日记本，结果却看到了上面那段文字，顿时大惊失色。原来孩子手腕上的伤痕是自残的痕迹，原来孩子既没有受人欺负，也没被同学排挤，而是对于自己无法达成学习目标感到痛苦。这些自残的痕迹，表明孩子不想再继续过这种痛苦而绝望的生活，而自己却对孩子内心的想法一无所知。

我们的孩子对什么事都做不好的自己感到绝望，他们正深陷于成绩和升学的压力之下，挣扎于外人难以感同身受的孤独之中，甚至游走在生与死的边界。可是许多父母却不正视这些事实，而只是一味地埋怨和指责孩子。也许孩子们整天玩手机，不专心读书的叛逆态度，是他们唯一可以表达的求救信号。孩子们如此辛苦，只会责骂的父母是否应该反省一下自己呢？

**青春期是一个魔法时期**

我从事青少年心理咨询工作已有多年，在此期间，主动前来寻求心理咨询的孩子少之又少。事实上，孩子们大都会以叛逆、发脾气或者回避的态度来表示自己需要帮助。父母要做的事情就是认真观察孩子的行为举止，准确分析孩子的内心想法，帮助孩子成长为他们希望的模样。

可是，窥探青少年的内心与窥探未满10岁儿童的内心完全不一样，两者需要不同的沟通方法和语言措辞。青少年介于大人与孩子，成熟与不成熟之间。他们明明年纪还小，却认为自己已经长大；明明还不成熟，却以为自己已经完美无缺，并误以为自己所身处的周围环境就是世界的全貌。

青春期的典型症状出现的时间，大约是从 11 岁至 20 岁刚成为大学生或社会新鲜人这段时期。青少年该如何度过这段时期呢？这 10 年是决定人生方向，并为未来做足准备的重要时期，也是孩子寻找自我与生活乐趣的关键旅程。如果把人的一生看作是一天 24 小时，那么十几岁就相当于凌晨 3 至 6 点。在这段夜深人静的时间里，父母需要做的是什么呢？孩子为何会在天还未亮的黎明时分心烦意乱，并感到前途黑暗呢？

大人们斥责孩子，仿佛人的一生只有这段"黎明时分"最重要。这个时间段本应该是孩子们好好休息、养精蓄锐、展开幸福美梦的时候。孩子们本应该愉悦地从梦中醒来，准备快乐地享受美好的一天。可父母却不断对孩子说这个世界很残酷，所以一定要认真读书，他们当然会被吓得辗转反侧，甚至惊慌失措。而且不光是父母，整个社会都在恐吓孩子要提早做准备，如果不这么做，那他们将会被残酷的社会无情地淘汰。试想一下，假如有人总是威胁你说："你要做的事情很多，再累也要克服，而且不能在竞争中落后他人，否则就会受到严厉的惩罚。"听到这些话，你会不会想要逃离呢？

青春期是一个魔法时期。原本乖巧可爱、懵懵懂懂、一哭就会牵着父母手的孩子，仿佛被施了魔法一般，突然开始有了变化：身高蹭蹭窜得比父母都高，自己能提起沉重的行李，在街上还会走在外侧保护妈妈，偶尔还会提出父母没有想到的创意，学习新事物的能力也远超父母。还有什么魔法比这更为神奇呢？

但愿这个魔法时期不要成为孩子的噩梦。要知道，以爱之名绑架孩子，用"这都是为了你好，所以你要听话，要咬紧牙关坚持"的言论强迫孩子，这样的教育是注定会走向失败的。

孩子在青春期的这 10 年，比儿童时期的那 10 年更需要父母的悉心指导和帮助，但是身为父母的我们如果不知如何是好，只会一味地埋怨孩子，那自然也就无法很好地陪伴孩子度过这段时光了。父母需要保持内心镇定，才能富有智慧地帮助孩子成长。因此，父母首先要做的是检视自己的内心，如果累了就休息，如果痛了就治疗。无论是爸爸、妈妈还是孩子，只要觉得哪里出了问题，就应该停下手边的事情，认真地审视一下自己和对方。

# 孩子变心，
# 父母生气

## 没想到孩子会变成这样

◆ 案例一：

　　我是一位妈妈，有一个读小学六年级的女儿。我完全没想到孩子的青春期来得这么快，从去年开始，她突然性情大变。最近她只要一不如意，就会对小两岁的弟弟大吼大叫，偶尔还会动手打弟弟。昨天她跟我要了很多零花钱，我跟她说下一次给她，结果她就赖在客厅里大声痛哭，非常固执。

　　我真不知道该如何纠正孩子的这种行为，要是以前，骂一骂就好了；或是偶尔拿藤条"修理"一下，孩子很快就会束手投降。可是从去年底开始，孩子懂得抓住藤条反抗了。虽然知道打骂已经行不通了，但我不知道还有什么办法可以管教她。我该怎么做才能让孩子顺利度过这段青春期呢？她马上就要升入中学了，真担心她的叛逆行为会变得更加严重。

◆ 案例二：

我儿子现在是初中二年级。他不好好写家庭作业，成绩出现退步，我不过是说了他一句，结果我的话还没说完，他就起身进自己房间锁门了。无论我怎么喊他都不理，虽然我知道这是年轻人口中的所谓"中二病"[①]，但看到曾经听话的孩子变成这样，我还是有些吃惊。房间里传出咚咚敲打书桌的声音，我隔着房门问他在干什么，孩子大吼大叫地让我不要管他，他想一个人静一静。

他考得这么差，居然还敢摆出这种态度？我很少因为成绩责备他，也总是克制自己不要对他唠叨。可孩子突然变成这样，让我有些担心。是不是他在学校受同学们排挤了？还是遭受霸凌了？不然乖巧的儿子不可能会表现出这种行为。我该怎么帮助他？过了一阵子，我在自己的卧室都能听到孩子在房间里发出的声音，一开始我会过去问他到底怎么了，但丝毫不起作用，他反而顶

---

[①] 网络流行词，"中二"即初中二年级。顾名思义，"中二病"指的是青少年特有的自以为是的思想、行动和价值观，尤其用来形容那些自我意识过盛、狂妄，又觉得不被理解、自觉不幸的青少年。

嘴说:"拜托!不关你的事!"就算他正处于青春期,这也有些过分了吧?

父母看见孩子叛逆的模样,感到既震惊又荒唐,再加上担心孩子,内心充满焦虑,不知该如何是好。确实,看着孩子做出种种令人不解的行为,为了逃避学习找各种各样的借口,实在很难不让人担心。

孩子到了青春期,不仅身体开始发生显著的变化,内心也经历着不小的波动。虽然孩子长得高高壮壮,但其心智尚未成熟,他们或因父母的过度保护和管教,导致自我调节能力发育不完全;或是面对生理和心理的巨大变化感到不知所措,内心充满了焦虑和担忧。

事实上,当孩子的生理和心理发生变化的时候,父母的教育方式也要随之改变。有些父母或许会觉得自己好不容易把孩子拉扯大,现在还要为了他做出改变,哪有那个心力啊。但是这种改变刻不容缓,如果父母依旧以过去的教育方式对待青春期的孩子,那么情况就会变得更加糟糕。孩子年幼时,只需理解他们的想法,抱抱他们,给予一些称赞和鼓励,便能安慰他们。可是这些方法对青少年完全不起作用。父母要想知道青少年为什么会变成这样,以及如何做才能改变他们,就必须先要了解孩子的内心想法。下面我们通过初三学生施镇的案例来说明青少年出现这些行为的原因,以及父母不同的应对方式会导致孩子出现哪些不同的变化。

## 患有严重"中二病"的施镇

"最近,刚上初三的儿子突然变得十分叛逆。他在上初中之前不是这个样子,那时的他不仅热爱学习,经常获奖,而且很乖巧听话,我总是为他感到自豪。直到他上了初中,第一次考试的成绩处于中游,此后每况愈下。慢慢地,他开始变得不爱学习了,而且从去年起,他开始出现"中二病"的行为,我很害怕跟他讲话,生怕一不小心对他发脾气,他会闯出什么祸来。我的心总是悬在半空,焦虑不已。

"拜托,请帮帮我!昨天我只不过提醒他写作业,他就对我大吼大叫,甚至要离家出走。在他穿鞋的时候,我抓着他不放,他竟然用力地甩开我,让我跌坐在地上。他直到半夜 12 点才回来,我非常生气,很想教训他,但又怕他再度离家出走,只好叫他赶快洗澡睡觉。我儿子为什么会变成这样?我该怎么办才好?"

我在咨询室见到了施镇。其实,发生过这样的事还愿意接受心理咨询的青少年是很难得的。施镇现在这个年纪已经不是妈妈可以强拉硬拽过来的了,更不可能因为一点儿威胁就屈服,必然是他真心愿意接受咨询才来的。虽然他嘴上说是妈妈叫他来的,但其实是他自己想要这么做。这是件很值得庆幸的事,因为它将会成为未来解决问题的关键。首先我问施镇,除了跟妈妈的关系恶化，还有什么原因促使他来接受咨询，他说：

"因为不能再这样过下去了。"

通过这句话可以看出，施镇对自己目前的状况也感到非常痛苦。

"'再这样'的意思是？"
"没有一件事做得好。成绩很糟糕，不想去上学，谁都不喜欢我。"

根据他的回答，我得出他目前面临的四大问题：担心成绩，拒绝上学，自尊心低落以及人际关系受挫。孩子在某些方面出现问题的第一诱因往往不是学习，但是在父母眼里，仿佛只要成绩好了，一切就都会好的，所以一有问题，他们就教育孩子努力学习、奋发向上，殊不知这样只会适得其反。父母要知道，要想解决孩子的"中二病"，就要从他觉得最痛苦的问题入手。所以，我们首先要了解令施镇感到最痛苦的问题是什么，其次要明白这个问题会让他对自己产生什么样的看法，以及他为什么会觉得每件事都毫无意义。

"那天妈妈只不过是像往常一样对你唠叨了几句，但你却格外生气，这一定是有原因的对吧？发生什么事了？"

你可以跟我说说吗？别憋在心里，说出来让情绪释放一下吧！只要说一说，你的心情就会变好，我保证会帮你保守秘密。"

我问施镇那天他为什么会愤怒地夺门而出，因为我在咨询初期已经取得了他的信任，所以他能对我实话实说。其实令他心情抑郁、情绪低落的原因不是学习成绩不好，而是他和朋友说自己喜欢某个女孩，可是朋友却将这件事告诉了那个女孩。他虽然有些生气，但毕竟是好朋友，就没有继续追究。可没想到过了几天，他的朋友竟然向那个女孩告白，两人交往了。

在他的认知里，自己若有心仪的女孩，在跟她交往之前应先获得妈妈的许可，但在他看来，妈妈一定会反对他这么小就开始谈恋爱，所以他不敢说出口。他把自己的烦恼告诉了朋友，结果那个朋友竟然先下手为强，这种感觉就像自己的女朋友被人抢走了一样。可是即使朋友背叛了他，他还是不敢对朋友说出自己的感受。施镇对自己感到失望和愤怒，觉得自己像个傻瓜。看着朋友和那个女孩出双入对，他心如刀绞，既读不进去书，也不想写作业。这时妈妈的唠叨让他再也忍受不住，于是将愤怒的情绪一股脑儿宣泄在妈妈身上。

离家出走后，施镇到处闲逛，直到深夜，原本想在其他朋友那里借宿一晚，却遭到拒绝。走投无路的他只好带着受伤的自尊心回家，心中早已做好被妈妈大骂一顿的准备，可没想到妈妈只是轻描淡写地问了一句："吃饭了吗？餐桌上有零食，吃完洗完，赶紧去睡觉吧！"施镇默默地走进浴室洗澡，那天晚上大家都非常安静地进入了梦乡。

第二天早上，施镇向妈妈道了歉，然后准时上学去了。之后几天，施镇都会认真地写作业。看着一反常态的施镇，妈妈很是不安，担心他又会像上次那样突然情绪爆发，离家出走。施镇要我帮他保守秘密，不要跟妈妈说这件事情。另外，施镇还告诉我，通过这件事，他觉得自己一无是处，而且没有人喜欢他，如果妈妈知道了这些，他会感到很尴尬，很丢脸。

**促使施镇做出改变的原因**

这里有一个问题：施镇是如何抚平自己的心情，并在随后几天保持自律生活的呢？其实，只要他认真思考一下，就能明白自己是一个什么样的人，拥有怎样的能力，并找出自己烦恼的原因。

"在现实生活中，令你生气的事情并没有发生任何变化，朋友仍旧背叛着你，而你喜欢的那个女孩也依然不知道你的心意，看到他们相亲相爱的样子，你应该还是会嫉妒和生气，那你是如何让自己冷静下来的？你那几天能够保持自律生活的原因是什么？"

我向他抛出了这个尖锐的问题,而施镇却平静地回答道:

"主要有两个原因:第一,我回到家的时候,妈妈没有对我发脾气,这一点我非常感谢妈妈。第二,妈妈安慰了我。"

"可是,妈妈并不知道你离家出走的真正原因啊?"

"妈妈虽然不知道我情绪爆发的真正原因,但第二天她对我说:'妈妈的唠叨很讨人厌,对吧?妈妈也觉得自己太过分了,抱歉。'听到这句话,我的心瞬间就平静了。而且,即使我最近不好好写作业,成绩很差,妈妈还是愿意跟我沟通交流。以前妈妈都会生气,可这次她却主动对我说:'作业太多了吗?要不要我去拜托老师减少一点儿作业?'她不但没有生气,还帮我出主意,所以我的心情渐渐变好了。"

施镇非常清楚妈妈的哪些行为稳定了他的情绪:不对他生气,安慰他,并帮他想解决方法,这些行为给他注入了莫大的能量。所以,尽管他的朋友跟自己喜欢的女孩交往这一事实没有改变,可是只要妈妈对他的态度发生了改变,他就有了承受压力的勇气和力量。

施镇的自我调节与解决问题的能力仍有不足,不过这些能力在未来都会不断完善。等再成熟一点儿,他就能够主动向妈妈道歉,坦率地说出自己的问题以及生气的真正原因。虽然他暂时还做不到这些，但是父母也无须担心。妈妈只要改善对待他的方式，就能够改变他的心境，所以只要多积累几次经验，他就能培养出正向的思考模式，变得更加积极主动。等到那个时候，即使生气，他也能控制好自己的情绪，使用较为平和的方式与父母沟通，并能够自己解决现实问题。

接下来，我们探讨一下施镇的内在力量是什么。施镇对妈妈发完脾气后果断地离家出走了，由于找不到寄宿的地方，他最后又无可奈何地回家了。我非常赞赏他的这种行为，因为他没有让自己陷入危险的境地。他被朋友拒绝、找不到落脚处的时候能够选择回家，这说明他非常明智。如果施镇因所谓自尊心而选择不回家，深夜坐在公园里的长椅上或徘徊在危险的街道上，那么后果将不堪设想。虽然孩子夺门而出是一种不对的行为，但是在这样的情形之下，父母如果不关注孩子内心的想法、不考虑孩子可能会做出什么样的选择，而只是跟孩子相互置气，那么就很有可能推动孩子做出极端的行为。因此，施镇没有让自己陷入危险的境地，这绝对值得称赞。

促使施镇做出改变的最主要因素是妈妈成功地控制住了自己的情绪。虽然在那一刻，妈妈仅仅是因为害怕自己再对孩子发火，他可能又会离家出走，所以才咬牙忍住不发脾气。她不相信这个举动竟能发挥如此大的作用，甚至满脸疑惑地问我："这对孩子来说有这么重要吗？"

是的，非常重要。十几年来，施镇作为一个孩子，早已习惯做错事被父母责骂，在这种持续性的责骂声中，他开始逐渐怀疑自己，否定自己，痛恨自己的无能，进而失去前进的动力，变得什么事都不想做。有时候，他还会怨恨父母，甚至产生报复心理。

可是，这次他半夜回家，妈妈却没有发火，这出乎了他的意料。一开始施镇只是感到惊讶，随后开始感到安心并对妈妈心怀感激，而这份感激最终促使他下定决心改变自我。追本溯源，这一切都要归功于妈妈的"一点点努力"与施镇的"自我救赎"。通过这件事，妈妈和孩子都得到了成长。他们开始审视自己以前的行为，分享彼此的想法，亲子关系也变得越来越好了。

现在，我们再深入探讨一下其中隐藏的根本问题。小学时，施镇学习很好，令妈妈感到骄傲，为什么升入初中后他却失去了学习的动力，全然提不起精神呢？

"听说你小学的时候学习不错，是吗？"
"对，那时候还不错。"
"你是怎么做到的？"
"就是照妈妈说的做而已。"
"妈妈说的，你都会照做吗？"
"不照做就会受到惩罚啊！"
"如果不照做，妈妈会怎么惩罚你呢？"
"不允许我看电视，禁止打游戏，不准跟朋友玩耍，甚至会打我……"

施镇放弃学习的真正原因浮现了，绝非因为他讨厌学习。父母这种不照做就打骂的强硬态度与惩罚措施只适用于幼儿期的孩子，而对于处在青春期的初中生已不再管用。换句话说，柔弱无力的孩子以前没有足够的力量去抵抗父母，只能接受教训，现在孩子已经长得跟妈妈一样高大，他们不会再忍耐了。

　　施镇除了努力学习，还需要弥补他与妈妈之间的关系裂痕，以及调整自己低落的情绪。他的经历可以说是大部分青少年的生活写照。父母的唠叨、强迫、责骂，甚至体罚，几乎伴随了孩子们的整个青少年时期。或许你会认为自己对孩子的责骂没有那么严重，但无论程度如何，从孩子的立场来看，责骂带来的伤害都是一样的。关于如何修复亲子关系，如何帮助孩子做出改变，我们会在第三章中详细讲解。

# 矛盾爆发，
# 父母后悔

### 与父母渐行渐远的孩子

◆ 案例一：

　　我儿子今年上初二，不知从什么时候起，我开始害怕他看我的眼神。初一上学期，他经常对同学发脾气，吐脏话，同学也因此常向老师告他的状。好在经过老师的批评和教育，他在下学期收敛了不少。但升到初二后，情况却急转直下，他不仅会在课堂上大声喧哗，还会和老师顶嘴。他小时候学习还不错，上初中前的那个寒假，我送他去了一个知名的补习班上课，这似乎给他造成了不小的压力，有一次他哭着对我说，我不懂他的辛苦。

　　上小学的时候，如果他不照我说的话去做，我就会惩罚他。我知道自己对他的期望过高了，可是那时他基本上还是会乖乖地照我的话去做。最近，我没有因学习问题批评他，不过却接到了其他学生家长的投诉电话，于是还是忍不住训了他。我知道这种训斥对他起不到什么作用……其实，我只是将自己对婆婆和丈夫的怨气，以及对生活的不满发泄在孩子身上而已。

一生起气来，我就控制不了自己的情绪。孩子会出现叛逆的行为，大概是在报复我吧！孩子跟我说话不礼貌，还会在暗地里偷偷埋怨我。他若在家和弟弟起一点儿小冲突，便会破口大骂，甚至会出拳威胁。如今，他长得人高马大，力气也大，只要一动手，弟弟就会哇哇大哭。我感觉自己每天都过着地狱般的生活！万幸的是，等冷静后，他还知道跟我道歉。我真的很怕孩子的暴力倾向会变成习惯，而且如果他要性子不上学，我又该怎么办呢？妈妈竟然怕自己的孩子，这像话吗？请帮帮我家孩子，救救他吧。

◆ **案例二：**

我家女儿今年上高一，她的青春期已经到来三年。她不仅偷偷在外面化妆，还跟朋友逃课玩到很晚才回家，甚至还偷我钱包里的钱……女儿的行为一天比一天叛逆，身为她的妈妈，我感到越来越疲惫。我该怎么做才能让女儿清醒并顺利度过这段成长期呢？

我看了很多书，也在网络上搜寻过各种教育子女的经验和方法，但不管我如何努力，她自始至终都没有改变。最惨的是，她爸爸只会以威胁的方式管教她，甚至不止一次地向她吼道："再这样，你给我离开这个家。"孩子也会毫不示弱地跟他顶嘴："你为我做过什么呢？"眼看着孩子越来越叛逆，我跟她爸爸说他这样做行不通，但他一生起气来，谁也拦不住。

孩子跟她爸爸冷战不说话，互不理睬已经有两个月了。女儿说无法原谅爸爸，爸爸也不愿原谅女儿。照看叛逆的孩子已经够累了，还要再承受他们父女之间的冲突，我简直快撑不下去了。每次孩子与她爸爸大吵，我都怕孩子夺门而出后再也不回来。她曾经有几次直到深更半夜才回来。我总是担心，万一她在外面遇到坏孩子该怎么办？如果女儿发生什么事，一定都是我的不对，我快要被她折磨疯了。

◆ 案例三：

几天前，我一早起床看到餐桌上放了一张便条。看到它的那一刻，我的心脏差一点儿停止跳动。我害怕极了，不敢打开纸条，也不敢开孩子的房门，生怕孩子……我全身发抖，哭着叫醒丈夫，丈夫跑去打开孩子的房门，发现孩子不在房里，我们这才赶紧打开纸条看。纸条上写道："我实在不想再跟妈妈一起生活了，所以我离家出走了。我会按时去上学的,请你们不要来学校找我。如果你们找到学校来,我就彻底消失给你们看。"看完纸条,我心里出现了两个声音:

"好险,好险。妈妈对你太过分了,对不起。以后我不会再这样对你了,你快点儿回家吧!"

"真是个可恶的家伙,怎么可以这样和妈妈说话?动不动就拿消失威胁我,看我不好好教训你!我看你能去哪儿,在外边吃点儿苦头再回来吧!"

丈夫追问我,在孩子离家出走之前,我到底对他做了什么,还埋怨我在家什么都做不好,尽说一些让我伤心的话。难道他自己做得很好吗?孩子做出这样的事全都是我的责任吗?孩子跟他爸爸一个样,都很可恶。丈夫说放学要去学校带孩子回来,接着就出门了。我们家的孩子还有救吗?我身为妈妈,却对他无能为力,真心希望有人能够给我指一条明路。

这类故事我听过太多了,虽然父母和孩子同住在一个屋檐下,但是亲子关系却变得越来越疏远。前面施镇的案例发生在孩子刚出问题、父母因孩子态度的转变而生气的初期阶段,但是上述三个案例则发生在孩子的问题早已存在并逐步恶化的阶段。这时父母只希望孩子好好活着,只希望他没事,读不读书不重要,只要不做出危险的事情就好。每当面对这些非要等到矛盾爆发才开始后悔的父母们时,我总是感到很无奈。事情发展到这步田地，不仅父母的内心会感到沮丧，孩子也同样会感到痛苦无助。当问题日益严重的时候，父母应该怎么做呢？此时最应该注意什么呢？下面我们通过初三学生炫雅的故事来说明一下。

**我不要咨询，我需要治疗**

炫雅是一个胖乎乎的漂亮女孩。以前她活泼开朗，很受朋友的欢迎，每次大家聚在一起玩的时候，她都是组织者。爸爸妈妈也为她感到非常自豪。但小学四年级的时候，她和一个同学吵架，并出手打了对方，因此受到了学校的通报批评。从此之后，炫雅因同学们的窃窃私语而变得十分敏感，最后不得不办理转学。炫雅转学后，仍难以适应新学校，常常对同学发脾气。有人问她话，她不是沉默不回应，就是给人家一个白眼。升入五年级后，她开始跟班上几个爱玩的孩子混在一起肆无忌惮地玩耍，还会故意捉弄其他学生。但这些毕竟不是什么特别严重的问题，班主任也只是偶尔警告一下她。上了六年级，她在网吧遇见一群初中生，又和他们玩在一起。直到升入初中，她仍无法适应学校生活，最终选择了退学。

父母希望送女儿去职业中学就读，到处打听消息并努力说服她，可是她不想去。时光匆匆，一转眼几年过去，炫雅已经16岁了。辍学期间，炫雅待在家里的时间越来越长，过着日夜颠倒的生活。她有时会出门见朋友，晚上不回家，但妈妈害怕教训她会引发更严重的问题，所以也不敢制止。随着时间的推移，炫雅与家人的关系也陷入了危机，哥哥早已不理她，原本耐心等待她"改邪归正"的爸爸也不再跟她说话了。只有妈妈一个人还在坚持与炫雅沟通，可是妈妈既没有人可以诉苦，也无处寻求安慰，因此心里非常痛苦。

那么随心所欲过日子的炫雅就觉得自己很幸福吗？当然不是。有时候她会在房间里发出怪声，有时候她还会在房间里独自哭泣。有一次，妈妈听到哭声，赶紧进房间查看，结果炫雅一边抓着妈妈的手一边说自己不想活了。经过了那段最痛苦的时期，炫雅主动请求妈妈带她去接受心理咨询。

咨询的第一天，我问炫雅想要寻求什么帮助，希望自己发生哪些变化，而炫雅开口的第一句话却让我意想不到。

"我不想接受咨询，但您问的这些问题我可以回答，包括我是怎么生活的、为什么会变成这样，以及发生了哪些事，我都能跟您说，但说这些会有什么改变吗？我不想要接受咨询，我想要接受治疗！"

听了炫雅说的话，我陷入了沉思。小小年纪的她到底有多少烦恼，才会说出这样的话。显而易见，她非常渴望自我改变。这一点既令我感到心痛，也让我看到了希望，我相信接下来的咨询会进行得非常顺利。

"所以你的意思是你已经考虑过了,你觉得自己要接受的不是咨询,而是治疗,是吗?能有这样的想法,代表你真的思考了很久。既然你的心态如此迫切,我相信治疗会非常顺利。但重要的是,心理治疗仅靠医生的力量是无法完成的,我们必须互相信任,一起突破难关。如果你可以答应我,我就帮你治疗。"

"医生,我真的还有救吗?"

"这个问题应该由你来回答。关键不在于我的治疗能力,而在于你以怎样的心态来接受治疗。我会协助你找到真正的自己,帮助你发挥出潜藏的能量。如果你能按时接受咨询并诚实地回答我提出的问题,我就能帮你得偿所愿。"

"医生可以跟我保证吗?"

炫雅有些急切地问我。

面对一个渴望改变的咨询者,我不能说半点儿谎言,也不能夸大其词,于是我停下来想了一会儿才回答:

"看到你的眼神,我觉得应该诚实而慎重地回答你,所以我想了一会儿。我不能保证你可以百分之百痊愈,因为没有一个诊疗是完美的,但是我可以保证,在你觉得不需要咨询或治疗也能过好生活之前,我绝对不会放弃你。假如我在咨询的过程中遇到难题,我也会去多加学习，以便能够更好地帮助你。"

"好，那就开始吧！"

我和炫雅的咨询项目大约进行了一年。一年后的某天，炫雅对我说："我现在不用接受心理咨询了。"看着炫雅活力四射的样子，我相信她现在不需要心理咨询也能过得很好。炫雅真的变得跟以前很不一样。接受心理咨询期间，她努力通过了初中毕业考试。当然，这并不容易。每次考试的时候，她都会担心自己考砸，因此常常会陷入焦虑或抑郁之中，甚至会做出攻击行为。这时我都会请她的父母悉心照料她，她的父母也很认真地按照我说的去做。后来，我从炫雅父母那里听到的消息是，她找到了自己喜欢的事情——制作影片，并成功考上了一所职业高中。重返校园生活的炫雅笑容灿烂，开心地说："我正在经历人生中最棒的日子！"

炫雅终于穿过了漫长而黑暗的隧道，看见了久违的光明。因此，不管眼前多么困难，父母与孩子都要相信情况可以发生转变，未来能够更加美好！

不过，仍有许多父母不相信孩子会做出改变，而且不断地拿自己的孩子与别人的孩子做比较，一次又一次地确认自己的孩子仍然有很多问题。我知道这是因为他们急切地想要孩子改变，但是父母不断纠结于孩子的问题，表现出不安的情绪，只会让孩子更加受挫。我告诉他们一些正面案例，让他们相信孩子一定可以改变，但仍有父母会强调自己孩子的问题比那些案例中的孩子的问题更加严重。这时，我常常会讲炫雅的故事。她曾经痛苦到濒临绝望，甚至伤害自己，放弃人生，而且还以欺负他人的方式来忘却自己的痛苦，可是最终，她仍然能够重获新生。

炫雅能够改变的最主要原因是她看到了父母改变的样子。炫雅有一阵子几乎不跟爸爸说话。小时候她最喜欢跟爸爸玩耍，但在她六年级的时候，爸爸因她的不良行为而大发雷霆，拿书砸向她之后，她就断绝了和爸爸之间的交流。从那之后，无论爸爸多么亲切地靠近她，炫雅总是表现出一副冷淡的态度，不过好在她还会跟妈妈发一发牢骚。我想肯定是妈妈温情的守候帮助炫雅度过了那段痛苦的日子。

首先，我建议妈妈停止对炫雅诉说一些现实问题。父母往往一开口，就开始纠正孩子的生活态度，但这些话目前对炫雅一点儿作用都没有。所以我请妈妈不要跟孩子说她的问题，否则只会使亲子关系更加恶化，让孩子的内心更加痛苦。妈妈要做的第一件事就是停止说这些话，这样孩子的心境才会慢慢归于平静。接下来，我建议妈妈每天花 30 分钟与炫雅一起营造开怀大笑的快乐时光。事实上，心情抑郁、脾气暴躁的青少年最需要的就是与父母一起开怀大笑，因为在欢声笑语中，孩子会回忆起小时候与父母一起玩耍的愉快时光，从而让自己的心情恢复平静。

我让妈妈拿出炫雅小时候的照片，和她一起看看她儿时可爱的模样，或者一起谈论她喜欢的偶像明星。这些都会让孩子的脸上重绽笑容，没有什么比大声欢笑更棒的了。随着与妈妈一起欢笑的次数增多，炫雅的心结也慢慢解开，她开始愿意跟爸爸说话了。某天，炫雅突然对爸爸说："爸爸也辛苦了！"她对待爸爸的态度，不再像从前那么冷淡了。

因为炫雅的心理状态极度不稳定，所以这非常考验父母的耐心，好在父母都很努力。随着亲子关系的逐渐好转，炫雅开始听取父母的建议了。父母告诉她："即使不上学也没关系，你的兴趣和才艺那么多，慢慢来也能过得很开心。"同时他们还提供各种信息，帮助炫雅了解自己该做哪些准备。看着炫雅一天天地发生改变，她的父母感慨道：

> "原来陪伴是如此重要，我们似乎已经忘记，孩子的笑容是这个世界给予我们的最珍贵美好的礼物。我们以前真是太不懂孩子的心了。"

炫雅的父母非常认真地听取了我的建议，他们不仅停止了过去的教育方式，改变了自己看待孩子的视角，而且能够陪孩子一起欢笑，并及时为孩子提供她需要的信息。他们开始相信孩子，也非常感谢孩子为改变所做的努力，同时也在积极地与孩子进行沟通。可以说，炫雅的改变离不开父母的支持和帮助。关于炫雅的父母在此过程中采用的"五阶段沟通法"，我们将会在第三章详细探讨。

**被父母伤害的孩子们**

施镇也好,炫雅也好,父母一句安慰的话语或一个温暖的拥抱,都赋予了他们改变的力量与勇气。由此可知,在孩子改变的过程中,父母扮演着非常重要的角色。但实际上,最容易伤害孩子、让孩子失望的人也是父母。由于望子成龙心切,父母有时会忽略孩子的感受,并把自己的意愿强加给孩子,而这些行为很可能会伤害孩子的内心,并产生令人懊悔的后果。到底哪些行为会伤害孩子呢?我们不妨从下面这些青少年的自述中寻找答案。

◆ **案例一:**

小学五年级的时候,我曾跟妈妈大吵一架。那一天,我带着自己在课堂上精心制作的小蛋糕回家,希望妈妈能喜欢我送她的这个礼物。没想到妈妈却对此不以为意,她虽然在我面前称赞我做得很好,但晚上就把蛋糕丢进了垃圾桶。我知道妈妈只吃有机食品,但那个蛋糕是我用心做的,自己都不舍得吃,专门送给妈妈的啊!

第二天我问妈妈:"蛋糕你吃了吗?"她只是冷冷地说:"快去写作业。"当时我非常生气,就拿起美工刀割了自己一下,鲜血顿时流出,我害怕地大哭起来。虽然随着时间的流逝,事情的细节早已淡忘,但我至今仍记得当时的自己是多么伤心和愤怒。

——某初二女生

◆ **案例二：**

　　大人不都是这样吗？他们自认为"我是好家长，把孩子养得很好"，但我们却不这么想。我的父母就是这样，他们实在太过分了，不管什么事情都自以为是，完全不考虑我的感受。真的好想痛打他们一顿出出气，但只有人渣才会打父母，我不能这么做，心里好烦。

——某初三男生

◆ **案例三：**

　　那天我在家有点儿无聊，想要做些家务解解闷，于是就打扫了自己的房间，还洗了碗。正要结束清扫的时候，妈妈走了过来。我笑着对着妈妈说："我很棒吧？"可妈妈却并不开心，反而开口问我："你是不是做了什么亏心事？"我真的无法理解，我只是想得到一句妈妈的称赞，难道不行吗？

——某高一女生

◆ **案例四：**

　　有一次我下定决心要重拾学业，于是郑重其事地对父母说："我想去上学。"可他们却说："你又来了，每次都半途而废，前阵子也说要去补习班学习，结果去了两天就不去了。"听完他们说的话，我气愤地说："知道了，那我就彻底放弃好了。"他们不以为意地说："你看吧！你就是一时兴起。"我真的受够了。

——某辍学在家的18岁青少年

孩子与父母之间产生矛盾，大都是以孩子的心灵受到创伤画上句号。父母不能理解孩子说的话，也不知该如何与孩子的内心感受产生共情。面对难得想要表现的孩子，父母似乎未能接收到他们发出的信号，反而用言语和行为不断地刺痛孩子的心。事实上，一旦亲子之间有了裂痕，再平常不过的话语也会造成误解，从而让亲子关系持续恶化，而且这种不断累积的伤害，最终会让孩子的心灵伤痕累累。

有一个初三的孩子曾将妈妈写给他的信拿给我看。他告诉我，他对信的内容非常生气。

"亲爱的宝贝！你从小就是爸爸妈妈非常疼爱的孩子。你总是爱玩又爱笑，但妈妈不得不告诉你这个世界的残酷真相。每次看到你有一点点不顺心就放弃的样子时，我都觉得身为父母的我们有必要指正你的错误，否则我们会后悔一辈子的。这个世界没有所谓和平和快乐，因此，你要自己勇敢地克服这些困难，让自己变得强大起来。还有，心理咨询期间也不会每件事情都如你所愿，但希望你仍能像现在这样不要放弃。这是你最后一条路了，希望你这次能下定决心，好好接受心理治疗。"

这封信乍看上去没什么，就是父母鼓舞孩子拿出勇气，不要放弃接受心理治疗。但孩子看到这封信却大发雷霆：

"写这种信给我,他们的脑袋里究竟在想什么啊?说什么要让我知道这个世界的残酷和生活的艰辛,太扯了吧?父母不是应该告诉孩子生活的乐趣吗?就算我做得不够好,他们也应该安慰和鼓励我吧?一句称赞的话都没有,只会教训我,现在还写这种信来命令我、恐吓我,简直太过分了。"

妈妈写信的初衷是希望孩子能够产生勇气和信心,但其表达方式存在问题,孩子当然会生气了。"这个世界没有所谓和平和快乐",这句话对一个本来就对世界持有悲观看法的孩子来说非常残忍,因为他连最后一点儿希望都被剥夺了。虽然生活不易,但父母还是应该告诉孩子这个世界充满乐趣,只有这样,孩子才能积极地憧憬未来,获得生活的正能量。人们结束忙碌的一天回到家中,应与家人一起共度温馨的晚餐时光,借此扫除白天积累的疲倦,恢复元气。可是,孩子现在不仅享受不到这样的时光,还要听从父母的告诫。"现实很残酷""要时时刻刻打起精神",这样的话语对他来说不是鼓励,而是打击。

父母的言语和态度对孩子心理的塑造非常重要,如果父母每天给孩子灌输负面思想,告诉他这个世界残酷的一面,他怎么能产生改变的动力呢?因此,治愈孩子的关键在于父母。接下来我们要介绍帮助孩子改变的方法,只要父母稍微抛开固有观念,就能轻松开启孩子改变的开关。

# 我家的孩子
# 能改变吗？

**是什么改变了青春期的孩子？**

很多家长想知道如何才能让陷入迷茫的青少年改变，以及促使他们改变的核心因素是什么。同样，大部分心理咨询师与精神科医生也抱有这样的想法。就像感冒的时候就要吃感冒药，孩子出现问题的时候，大家也都希望能有一套相应的解决方法。虽然孩子的心理问题并没有一个标准的解答公式，但是现在的研究已得出不少有效的方法，只是在实践层面还存在一些困难。

比如面对做错事的孩子，很多父母往往控制不住自己的情绪，责骂的话语不由自主地脱口而出；而有些父母就能控制住自己的情绪，理智地处理问题。后者之所以自控力强，除了因为天生性格乐观，更因为他们知道责骂孩子是没有用的。如果父母们能明白对孩子唠叨和生气只会适得其反，那么他们对待孩子的态度和方式或许会发生变化。而且，当父母学会了引导孩子改变的有效方法，他们就会更加理解孩子，并能够以更好的方式培养和教育他。

**抱紧我的那个人**

灿英是一名初三学生，他难以接受父母离婚这件事，因此常常在学校宣泄情绪，老师也制止不了。每次他翻墙逃课，老师除了联系他的妈妈，基本上束手无策。灿英还十分抗拒心理咨询，他的妈妈来找我进行心理咨询的时候，他经常不来，我只好先帮助妈妈改善教养方式。后来，妈妈再婚，灿英被迫要跟妈妈一起搬进继父家生活。搬过去后，妈妈担心孩子会做出什么事来，于是向我请求帮助。

灿英的继父和妈妈一同来到我的咨询室，继父说他也想要帮助孩子，于是我给他提供了一个具体的方法：

"虽然孩子已经长大，但当他出现攻击行为时，请您在背后用力抱住他，并温暖地呼喊他的名字，直到他冷静下来。然后您告诉孩子：'我理解你的心情，我也知道你为什么这样做，不过我会尽力待你好的。'"

这个方法真的会有效果吗？我们来看一下孩子的心里是怎么想的。

"妈妈再婚了，所以我们一起搬进了继父家。他明明不是我的亲生父亲，却装作一个好父亲的样子，看了真令人生厌，于是我便打翻了餐桌。结果继父从背后紧紧抱住我，并呼唤我的名字：'灿英啊！灿英啊！灿英啊！'不管我如何挣扎，他都使劲地抱紧不放。突然，我的心中莫名出现了'别松开我'的念头，我不由自主地流下了眼泪。虽然在继父面前哭哭啼啼很伤自尊心，但那一瞬间我觉得自己该停止了，于是就放弃了挣扎。继父这才松开了手，然后我安静地走进了自己的新房间。"

我建议继父在孩子情绪激动的时候紧紧抓住他、守护他，给他以温暖的拥抱，直到他冷静下来。之所以要抱紧孩子，是因为孩子在暴怒的时候，已经失去了理智，什么事都敢做。孩子一般控制不了自己的怒气，生起气来，往往会一发不可收拾。但过一段时间，等恢复理智之后，他反倒会对自己做出的行为感到后悔和自责。所以，孩子其实非常希望在他无法控制愤怒时，有一个人可以帮助和制止他。而在灿英的成长过程中，还没有人像这样牢牢地抱紧他。

搬进继父家的那天，灿英再也抑制不住心中的怒火，但继父和妈妈按照我教的方法抱紧了他，从而稳住了他的情绪。灿英似乎很想找到一个真正爱他的人,一个能够安抚他内心的人。一个攻击性强的孩子,其内心往往不如他外在表现得那么坚强,事实上,他比谁都更加渴望有人能抱紧自己、安慰自己。通过讲述灿英的故事,我希望父母能够明白,那些看似轻狂的青少年,实则内心十分柔弱。

**让我陷入混乱的人**

现在我们利用前面炫雅的案例,详细说明一下青少年的内心想法与外在行为不一致的原因,以及应对的方法。炫雅是一个内心极度不安的孩子,因此我需要使用一些非常细腻的咨询技巧。她最严重的问题是根深蒂固的消极思想。她对未来充满迷茫,对任何事都提不起兴趣,也不知道自己擅长什么,因此感到非常痛苦。如果你不管如何努力,孩子仍然无动于衷,那么你就可以通过她的案例来获得一些启发和帮助。

结束心理咨询大约一年半后,炫雅希望我能跟她见一次面。每当以前的客户再度联络我的时候,我都担心会有不好的事情发生。莫非她遇到了比过去更加严重的问题?炫雅似乎听出了我的担忧,于是笑着说:"我不是要接受心理咨询,只是想跟您吃一顿饭,我请客。"

听她这样一说,我便放心地笑了。除了对原本不爱社交的炫雅主动约我吃饭这件事感到欣慰,不需要重新接受咨询这一点也让我感到安心。那天她对我说的话中，令我印象最深刻的是这段话：

"让我陷入混乱的人除了医生您，没有别人了。"

"什么意思？"

"因为您的话让我一直在思考。虽然我的心情没有变差，但我总是感到闷闷的。总之，接受心理咨询期间，我就像是被人狠狠揍了一拳一样。"

"哦，我带给你的是这种感觉吗？听起来很令人讨厌啊。"

"不，这不是责备您的意思。大概是因为我现在过得很好，所以才会有这种感受。其实我是想跟医生说声谢谢，所以今天才请您吃这顿饭。"

"哪一点让你觉得很感谢我呢？"

"您从不强迫我，而且当我感到痛苦的时候，您总是让我以另一种方式看待事情。"

炫雅说的"另一种方式"到底是什么意思呢？以前她一开口就是抱怨父母和朋友，说他们的坏话。在说到自己的时候，她会说自己什么事都不想做，也什么事都不会做，完全不知道未来要做什么，把自己形容得极度茫然。但她毕竟还是一个充满活力的孩子，讲这些话的口气仍然像个"强势的姐姐"。

有一次，我拿出一个魔方请她拼。一看到它，炫雅就抱怨道:"是谁做了这个东西,把人搞得这么辛苦。我不要!为什么我要拼这个?这有什么用处吗?"面对一个说"不"的孩子,我不能强迫她去做,于是我自己开始动手拼。她看了一会儿后,也慢慢地开始动手拼起来。在她拼魔方的时候,我问她今天为什么变得这么挑剔。我猜测这一定跟爸爸、妈妈或哥哥有关,果然她开始滔滔不绝地抱怨妈妈。她一边诉苦,一边拼魔方。她虽然嘴上说"不要",但心里其实很想拼好,而且她很焦躁,担心自己拼不好。大概过了10分钟,炫雅还差一层没有拼好,但毕竟是初次尝试,已经很不错了。看着她心急如焚的样子,我实在不忍心,就拿起魔方教她:"只要这样转的话……"话刚说到一半,她突然推开我的手说:"我自己来!"

我对她的反应感到开心。对于孩子言行不一的现象,我们必须要认真观察,并好好思索一下其中的含义。虽然炫雅有意识地拒绝做这件事,但是在潜意识中,她仍然希望能依靠自己的力量完成我交给她的任务。我向她道了歉,然后静静地观察她。她嘴上不停地念叨:

"我不拼了,为什么要做这种无聊的事?这样拼对吗?这是几年级的作业?下次我绝对不做了。啊,好烦!真想把它扔了。为什么我要做这种烦人的事……"

就这样,她又自言自语了10分钟,最后竟然拼好了。她虽然嘴上说着"好烦",但表情却非常得意,嘴角不自觉地微微上扬。那天，当心理咨询差不多快要结束的时候，我问了她一个问题：

"炫雅，在你拼魔方的时候，我突然发现一件很有趣的事情：你的潜意识和意识完全相反哦！你虽然嘴上说'不要不要'，但潜意识中却又希望依靠自己的力量完成。然而你好像一直不去正视自己的潜意识，只是一味地抱怨。而且你还推开我的手，不让我帮忙，这是什么意思啊？"

炫雅没有说话，看上去像是正在思考。她接受心理咨询的那段期间，发生过好几次类似的事情，每次炫雅都以这种思考的表情结束诊疗。我终于懂她所说的"混乱"和"另一种方式"是什么意思了。嘴上说心情糟糕，其实并不糟糕；感觉心里闷闷的，但又不是真的很闷。这种矛盾和混乱的现象促使炫雅进行思考，而通过不断思考，她能更加透彻地了解自己，并逐渐学会用"另一种方式"来审视自己的潜意识。可以说，这种思考便是炫雅发生改变的契机。

**窥探孩子内在的真心**

青少年们常以粗鲁的言语或鲁莽的行为来表达自己的心

声，但大部分父母仅看见孩子们显露在外的问题，并因此而指责他们。殊不知指责孩子们粗鲁的言语和不恭敬的态度，反倒会让他们将自己的真心埋藏得更深。事实上，父母之所以一味地指责孩子，是因为他们根本就不信任孩子。相反，倘若父母能够相信孩子内在的真心，那么即使孩子的态度和行为举止出现问题，亲子之间也仍有沟通的可能。只有进行沟通，孩子才有改变的机会。何况孩子是那么迫切地期待父母能够看懂他的内心，期待他们能够主动和自己沟通。

孩子因何而改变？施镇能够重新回归正常生活，是因为妈妈不仅没有对他生气，还反过来安慰他。虽然让施镇生气的事情本身没有变化，但只要妈妈对待孩子的态度稍加改变，就能帮助孩子减轻压力。继父紧紧抱住歇斯底里的灿英，并告诉他自己决不会放手，这让灿英感受到继父的真诚关怀，因此他渐渐地敞开了心扉。情况更加严重的炫雅，则是因为父母抛弃了旧有的教养方式，并积极营造快乐温馨的亲子时光，最终促使她解开了自己的心结。当明白自己真正想要的是什么之后，只要父母稍加鼓励和帮助，孩子就能走上蜕变之路。

总而言之，大人的批评和责骂不会让青少年变得更加优秀。青少年需要的是父母或教师的支持和帮助，他们希望大人能够理解和关心他们，并帮助他们摆脱当下的困境。父母如果想要修复亲子关系，就必须停止过去错误的教养方式，站在孩子的视角看待问题，并主动营造快乐的亲子氛围。虽然看起来要做的事情很多，但父母只要一件一件慢慢做，就能一点一点地看见孩子的变化。

　　想让孩子们每天以更好的姿态成长,父母最需要做的一件事就是为他们指引正确的方向。因此,父母必须先要理解孩子,了解青春期孩子的心理特征,这样他们看待孩子的眼神就会变得温和,面对孩子时的心情也会变得放松。而孩子在父母的鼓励和支持下,无论节奏快慢,都能活出属于自己的人生。为了孩子的成长、成熟以及成功,接下来我会告诉大家5个父母必须要知道的青少年心理特征。

第二章

# 窥探孩子内心之前应该知道的事情

父母应该知道的青少年心理①

# 父母的反馈
# 决定孩子的内心方向

**你给孩子的反馈是什么？**

在很多父母看来，孩子必须在学习的竞争中取胜，方能笑到最后。因此，他们天天督促孩子，一刻也不放松，要求孩子全心全意地投入学习之中，以至于他们对孩子说的每句话都像毒药一样腐蚀着孩子的心灵。父母说的这些话虽然都是为孩子好，但是却对孩子的身心造成了极坏的影响。

"就是因为你不用功，成绩才会这么差。"
"退步了还想玩游戏？想都别想！"
"到底该拿你怎么办，唉！"

有些父母很清楚说这些话会给孩子带来负面影响，因此会尽量保持克制，但他们无意间的叹息传进孩子的耳中，依旧如同刺耳的话语一般让孩子柔弱的心灵受伤。叹息尚且如此，更别提一直对孩子唠叨和责骂了，其影响无疑会更加恶劣。因此，父母如果真心想帮助孩子改变，就必须重视自己的话语，尤其是自己给孩子的反馈。

反馈，就是告诉当事人其表现如何或其行为会产生什么结果。简单来说，"对""不对""做得好""做得不好"等评语，以及批评、忠告、意见等都属于大人给孩子的反馈。你是否认真想过，自己的反馈给孩子带来了怎样的影响呢？你如果是一个不擅长反馈的家长，就需要先了解一下反馈的目的，再学习一些恰当的反馈方式。比如，怒气冲冲地责骂孩子不是一种有效的反馈，而只是把自己的怒气发泄在孩子身上而已。当一个人的心情糟糕时，他难免会怒形于色。所以父母如果情绪不稳定，就请先平复一下自己的心情，等情绪稳定后，再思考该用怎样的态度和语气与孩子沟通。

反馈对孩子的身心皆有影响，父母倘若了解反馈对孩子的重要影响，或许就会主动地改善自己的反馈方式。事实上，父母如果能改变自己看待孩子的视角，就能穿透孩子不可理喻的言行，看见其背后隐藏的真情实感。当父母带着温情爱意审视孩子时，他们即使不用刻意控制自己的脾气，怒气也会自然而然地减少，给孩子的反馈也会变得越来越好。随着亲子关系越来越亲密，孩子也会越来越往好的方向改变。接下来我们将探讨一下叛逆期青少年的大脑发育特征，以及父母的反馈对孩子大脑的影响。

## 青少年的大脑如何发育？

婴儿刚出生的时候，大脑的质量约为400克，随着身体的快速发育，到一周岁的时候大脑的质量可达1000克。这时在外部环境的刺激下，一个脑细胞可以连接上千个脑细胞实现信息传递。此后，大脑的发育速度会有所减缓，直到12~16岁时，大脑皮质的体积（含额叶）会快速增长，到25岁左右才会发育完成。大脑的额叶负责整合各种信息、调节情感欲求和冲动，以及完善自我认知。它除了具有沟通、思考、语言等与记忆相关的功能，还有控制行为的功能。若一个人的额叶不能正常运作，其情绪爆发或做出危险行为的概率就会大幅提高。

青少年的大脑额叶尚处于发育之中，因此其功能尚未完善。也就是说，青少年容易冲动，喜欢随心所欲，不单是因为孩子的思想和意志力存在问题，更是因为他们的大脑额叶尚未发育完全。所以父母不该责怪孩子无法控制情绪，而应该关注如何更好地促进其大脑的发育。下面我们来进一步探索青少年难以控制冲动的原因。

2008年，澳大利亚墨尔本大学教授尼古拉斯·艾伦（Nicholas Allen）携团队以137名11~14岁的男学生为对象进行了一项研究。研究结果显示，攻击性强的青少年，其杏仁核（大脑边缘系统的一部分）较大，以致他们无法控制强烈的情绪。杏仁核是大脑神经系统的重要组成部分之一，具有产生情绪——尤其是愤怒这类强烈的情绪——的功能。

研究团队分析青少年在与父母争论睡觉时间、学习成绩和手机使用等问题时的表情与声调，对比他们当下的大脑影像，结果发现，叛逆及具有攻击性的青少年相较于温顺的青少年，其大脑的杏仁核影像更大。青少年的大脑额叶尚未发育完全，且杏仁核比额叶发育得更快，两者发育速度的不同是导致孩子容易冲动与攻击性强的生理原因。艾伦教授强调："虽然青少年的身体发育已接近成人，但其大脑的情感和行为调节功能需要到20岁左右才能发育完全，因此父母要知晓一个事实，那就是在青少年时期，孩子其实不能完全控制自己的情绪。"

此外，青少年时期正是多巴胺——激发大脑细胞兴奋的神经递质——分泌的高峰期。多巴胺有"快乐中枢"之称，由大脑边缘系统内的伏隔核分泌产生。伏隔核的发育速度又比杏仁核更快，它在大脑的奖赏、快乐、成瘾等活动中发挥重要作用。成年人的大脑边缘系统会受额叶管控，但青少年的额叶尚未发育成熟，他们的想法、意志及行为更多是受到大脑边缘系统的支配，这就是为什么青少年喜欢追求兴奋和快乐，并难以控制自己的言行举止。

那么，有什么方法可以改善此种现象呢？学者们发现，在伏隔核的影响和作用下，青少年对奖赏信号非常敏感，因此父母适时地给予奖励可以有效改善孩子的情绪与动机。简言之，青少年渴望获得奖励，而父母给孩子的有效反馈就可以看作是一种精神奖励。而且，有效的反馈可以让孩子以更加成熟的态度去面对事情，释放热情。

**哪些是有效的反馈？**

反馈虽然有多种分类方式，但是大致可以分成正面反馈与负面反馈两种，再细分有强化动机的反馈、认知层面的信息型反馈、告知对错的正解型反馈、给予精确解答的详情反馈，以及不明示也不暗示的无反馈等。

韩国高丽大学教育学系教授金圣日在《通向大脑》一书中简要阐述了父母的反馈对青少年的影响：

"儿童或青少年接收到负面反馈时，大脑前额叶皮质的活跃度会明显降低，此现象说明他们在接受惩罚后，既不能反省自己的行为，也无法主动寻求对策。因此，想要通过惩罚之类的负面反馈改善儿童或青少年的行为是行不通的。称赞是比惩罚更有效的反馈，也就是说，表扬和鼓励青少年，比惩罚他们更有助于其改变。"

各种与反馈相关的研究皆指出，正面反馈更有助于孩子内在动机的发展。相当多的研究证明，称赞与鼓励会对儿童和青少年的自我效能感与自我控制力产生正面影响。所以，当孩子表现得好时，父母要不吝言辞地称赞他；当孩子表现得不好时，父母则要耐心地鼓励他，这样才有助于孩子形成积极的自我认知。例如父母可以时常对孩子说这样的话："我就知道你能做得好。""下次成绩一定会更好。继续加油！"

不过需要注意的是，父母倘若为了帮助孩子建立自信心，刻意降低挑战的难度，反而会弄巧成拙，导致孩子的自我评价进一步降低。另外，有些父母虽然会给予孩子正面反馈，但总是喜欢附加"必须做好"等条件，殊不知这样反而容易给孩子造成心理压力，削弱他们进一步挑战的意愿。

当然也有一些青少年的自我效能感较高，不容易受正负面反馈的影响。自我效能感是指个体对自己是否有能力完成某一行为所进行的推测与判断，体现了个人的自信程度。对自我效能感高的青少年来说，虽然正面反馈会让其心情更好，负面反馈会令其心情变差，但其自我效能感与自我控制力却不会因此而受到很大的影响。反之，自我效能感低的青少年在接收到负面反馈时，则容易降低学习的内在动力与兴趣。惩罚对他们更行不通，因为这样会导致他们的自我效能感进一步降低，使他们对学习更提不起兴趣。

金圣日教授以一群初中生为实验对象，进一步分析他们在接收不同类型的反馈时其大脑的活跃程度有何差异。金教授首先准备了一些题目，在孩子们做完题后，他会对他们的答案全部给予负面反馈。不过，这些负面反馈分为两种：信息型与正解型。信息型负面反馈会简要告知孩子答案错误的原因，而正解型负面反馈则只会告知他们答案正确与否。

最终的实验结果非常有趣。虽然大家接收的都是负面反馈，但是接收信息型负面反馈的一组孩子，其大脑奖赏系统中的伏隔核的功能更加活跃，这使得他们可以自我调节负面反馈带来的坏心情；同时其大脑背外侧前额叶皮质也很活跃，而前额叶皮质的主要功能是信息分析与理性判断，所以当接收到信息型负面反馈时，他们不会产生与他人比较的感受，而是会将焦点放在自我提升和追求学习目标上。由此可见，如果我们不以对错成败来评判青少年，那么他们的自我效能感与学习乐趣都将会得到提升。

许多青少年说他们连父母的声音都不想听见，其实是在委婉地表达他们不愿听到父母给予的负面反馈。我真的很不忍心看见孩子被困于父母情绪化的负面反馈中。其实父母在给予孩子负面反馈时，如果能同时提供一些相关的重要信息，就会有助于孩子接受事实和调整情绪。因此，信息型反馈对青少年是有帮助的，也是他们希望获得的反馈。

整体而言，我们若想提高青少年的自我效能感，就不应该将其与他人做比较，而应该为其提供信息，促进其进步。"对"和"错"、"做得好"和"做得不好"这类比较性的评价不会给孩子提供任何有用的信息，只会使他们的内心受挫。父母若不具体地告诉孩子其正在进步的事实或教导他们如何可以做得更好，孩子便无法提升自我效能感。所以，为孩子提供信息型反馈，告知他们潜在的变化或给予他们实质性的帮助，对他们来说尤为重要。比如"你如果认真观察，就会发现一些意想不到的有趣内容。""你这次的听力成绩比上次更好了。""尝试使用这个方法会更有效率！" 以上都是有助于孩子树立目标、增强信心，以及提升专注力的信息型反馈。

## 更加成熟的自我内在反馈

反馈还可以分为内在反馈和外在反馈。前面谈及的反馈类型皆属于他人给予的外在反馈，而内在反馈则是指在进行某件事情期间，个人对于自身成就的内在评价和感受。拥有成熟的内在反馈非常重要，因为积极的自我评价对个体的成就影响极大，孩子若能以积极的态度看待自己，就会拥有强大的自信心并懂得自我反省。内在反馈能力的发展与大脑额叶的发展关系密切，两者可谓相辅相成。

想要拥有更加成熟的内在反馈，就要先了解一下美国心理治疗学家、现实治疗法的创始人威廉·格拉瑟（William Glasser）提出的针对失败结果的反馈方法。他说："没有所谓失败，只不过是再次学习罢了。"诚然，如果我们能从失败中吸取经验，那么失败就会成为成长的助力。无论孩子经历了什么事，请让他们试着按照下列例句进行自我评价吧！

- 我决定做 ＿＿＿＿＿＿＿＿＿＿ 了。
- 我学了 ＿＿＿＿＿＿＿＿＿＿ 。
- 以后我想改变 ＿＿＿＿＿＿＿＿＿＿ 。

不管挑战什么，都有可能会失败，这时最好的内在反馈就是即使结果失败，我们也能看到自己从中收获了什么，并思考下次该如何改进。威廉·格拉瑟强调，自我评价中不应出现"很可惜……""很惋惜……"或"因为我不懂，所以……"等字句。健康的自我评价必然也是健康的内在反馈，懂得这样做的孩子才能够拥有一场真正的竞争。

所谓真正的竞争，并非指与他人的竞争，而是指自己与自己的竞争，即和昨天的自己、一个月前的自己或一年前的自己比较，看看自己进步了多少。父母要做的就是帮助孩子意识到自己正在取得进步。孩子在不断地接收这些正面反馈的过程中，必然也会形成正向的内在反馈。希望世界上的每一位孩子都能经历这样的过程，并健康快乐地成长。

父母应该尊重青少年的独立性，学会与之保持边界感，并帮助其形成健康成熟的内在反馈体系。因为青少年的大脑各部分的发育不均衡，所以他们做事喜欢横冲直撞，遇事容易摇摆不定，而且容易激愤和抑郁。身为父母，我们应当协助他们稳步成长，帮助他们将负责调节冲动与快乐刺激的大脑额叶发展得更加完善。

韩国脑科研究院责任研究员具子旭指出，孩子的大脑发育深受外部刺激的影响，因此想要青少年的"大脑中枢"额叶发挥正常功能，通过阅读或提问来增加他们的思考时间是关键。他特别强调，对于父母这个角色而言，"建立健康良好的家庭关系，促进孩子的大脑均衡发展是最重要的任务"。

父母应如何帮助孩子完善大脑的额叶功能呢？其实脑科学专家提出的方法自始至终都是一样的。开始攻读心理学之后，我发现一个事实：真理是最简单朴素的，也是最难遵守的。具体到孩子的教育问题上，这个真理便是尊重孩子。比如，即使孩子做出令父母不满意的选择，父母也不要先批评，而是要和他好好沟通。如果孩子遭遇失败，父母应该和他一起分析原因并给予建议，并告诉他下次该如何改进。这些都是我们知道的道理，但想要践行这些道理，首先需要保持健康的亲子关系，换句话说，就是要保持良好的沟通关系。

"你是怎么想的？"

"这时候应该怎么做比较好呢？"

"假设你选择这个方法，你能预想到结果如何吗？"

"即使失败，我们也能够获得很好的经验，所以鼓起勇气放手去做吧！"

如果父母与孩子彼此能够建立良好的沟通，孩子绝对可以度过一个熠熠生辉的青少年期。

父母应该知道的青少年心理②

# 假想观众
# 正在看我

---

**看不见有人关心我**

"不管发什么样的文字,都没人来安慰我。我真觉得自己是一个没用的人,一点儿也不想去上学。仿佛全世界的人都在嘲笑我,那一刻我真想在这世界上消失,但又害怕没人发现我的消失。"

我问了一个厌倦学校生活的初中生,哪一点最令他感到痛苦,上面的内容就是他的回答。假设你作为他的家长,听到这样的回答,你会怎么跟他说呢?以下哪一个是你所想的答案?

"哎呀!你不要理他们,不要在意就好了。"

"那些都是不值一提的小事，努力学习，成功是对他们最好的回应。"

"你又瞒着妈妈偷玩手机了吗？手机拿出来。你违反了我们的约定，所以手机没收。"

以上答案都只会让孩子更加生气，使问题进一步恶化。通过孩子的言语，我们可以得知他违反了自己和妈妈关于玩手机的约定，但这个问题应放在以后讨论。父母当然看不惯孩子现在的行为，但要知道孩子是因为无处可以发泄情绪，所以才鼓起勇气向父母哭诉和求救的。大部分父母只要一看见孩子的生活态度有问题，就不假思索地指责他们，却没能察觉孩子内心的挣扎与自我表达的勇气。因此，父母首先要感谢孩子勇于表达自我的这种行为。

"谢谢你跟妈妈说这些真心话。"

你只有主动对孩子表达感谢，往后孩子再遇到困难，才会愿意继续向你寻求帮助。

接下来，我们来讨论孩子那段话的意思。应该是他在社交平台上发表了自己的想法，而朋友都不回应他，所以他认为自己的存在没有价值，仿佛全世界的人都在暗地里嘲笑自己。他曾想过从这个世界上消失，但又害怕身边的人根本不在意自己存在与否。

青少年悲观厌世的原因有很多种，包括讨厌自己、心情糟糕，更常见的原因是想告诉天底下的所有人："我在这里，这个世界上有我这么一个存在。"青少年自以为全世界的人都应该关注自己，别人如果无视自己或不认同自己，就会对其造成非常大的打击。虽然社交平台上的留言在父母眼里一点儿都不重要，但是对孩子来说，那是一种有人关心他的体现，是证明他有存在感以及友情尚且牢固的信号。

炫雅能恢复与朋友之间的关系，一个重要契机就是她与某位朋友的一次网上聊天。某天晚上，炫雅从群组聊天信息中发现有一位朋友喜欢的艺人和自己一样，于是便和这位朋友分享了自己搜集的艺人照片，两人开始私下聊天。渐渐地，两人开始相互倾诉烦恼，彼此安慰并分享趣事，营造出一个专属于两人的小世界。第二天，炫雅来到咨询室跟我说："医生，我昨天和一个朋友聊得太过瘾了。感觉真好，好久没有这么痛快的感觉了。"

在茫茫人海中发现一个理解自己、接受自己、与自己同频的人，真的宛如在沙漠中发现了一片绿洲。我问炫雅是什么样的谈话内容让她如此快乐，她却笑着回答："让医生您知道的话，朋友或许会介意的。"看来未经朋友允许，她是决不会透露她们之间的小秘密的。其实我没有必要知道她们聊天的具体内容，因为我最在乎的是这段新友情让炫雅的脸上重现笑容了，而且她再也不会感到孤单了。

## 因朋友的一句话而改变的青少年

我相信很多父母会有这样的认识:对孩子来说,朋友的话比父母的话更管用。父母叫孩子换一件衣服,怎么说他都不听,但他可能会因朋友的一句话而改变穿衣习惯;孩子嘴上一直说"数学学不会",却可能会因朋友的一句"你数学很好"而产生自信心。但这并不代表孩子完全无视父母说的话,而是说明同伴对青少年的影响力更大。

青少年很在意别人的评价,尤其是同伴给予的正面评价。2010 年,美国天普大学(Temple University)的一个心理学研究团队进行了一次实验,旨在测试同伴对青少年的影响程度。实验对象分为 3 组,分别为正值青春期的青少年、大学新生与步入社会的成年人。实验内容为 3 组人员进行模拟驾驶游戏,每位参与者都会接连通过 20 个交叉路口。游戏规则如下:过交通路口的时候黄灯闪烁,若选择在此时停车等候会耽搁 3 秒,若选择无视黄灯信号直行就会提前 3 秒,但如果因此而与前方车辆发生碰撞则会耽搁 6 秒;越快抵达终点的人,最终奖励越高。每位参与者都要进行两次模拟驾驶:一次单人进行,另一次则在同伴陪同下进行,然后比较两次驾驶操作的差异。

实验结果显示:有同伴在场的时候,青少年更容易做出危险行为;单人进行的时候,青少年忽视黄灯的平均次数反而低于大学新生,而与成年人近似。这说明青少年并非无判断能力。

成年人组不管有无同伴在场,他们的驾驶操作并无太大差异。但青少年组的表现与之不同,同伴在场的时候,他们忽略黄灯的情况增加了将近两成,冲撞前车的平均次数从 3.5 次提高到 5.5 次。为什么青少年在同伴面前会做出这种鲁莽的行为呢?金圣日教授解释说:

> "青少年的额叶功能没有发育完善,缺乏察觉危险与调节冲动的能力,但是支配他们社会情感活动的伏隔核的功能已相对完善,因此,两种功能呈现出一种发育不均衡的状态。这时他们一般会忽视危险的存在,而更在意朋友给予的正面反馈(如欢呼、赞同)……最终为了博取同伴的认可,做出危险的决定。"

我们该如何保护这些会因朋友的一句话而做出危险行为的青少年呢?父母想要控制孩子的所有行为,确保他们不会遇到危险是不可能的。亲自送孩子去补习班,找家教填补他们的课余时间,或是实时追踪他们的位置……这些手段不仅无效,反而会激起青少年的叛逆心理。而且,严格来说,这些做法属于一种情感暴力。

**假想观众**

青少年时期的自我中心主义(Adolescent Egocentrism),与幼儿时期的自我中心主义有所不同。幼儿时期的自我中心主义是指不考虑他人的观点或立场，仅站在自己的角度思考与行动。换句话说，处于这个年龄段的孩子还不能理解他人有着与自己不同的观点这个事实，因此才会表现出这样的行为：大家聚在一起玩耍时各玩各的或各说各话，与人同看图画时会将画纸摆在靠近自己的位置，玩躲猫猫的时候以为把头藏起来就不会被人发现等。这种以自我为中心的思维方式在孩子进入小学交到同龄朋友后，就会逐渐消失。当然，每个孩子的心理环境与个体经验不同，因此发展程度也有所差别。

但青少年时期的自我中心主义稍有不同，美国心理学家戴维·艾尔金德（David Elkind）首次提出青少年时期自我中心主义的特征，并同时提出了"假想观众"（Imaginary Audience）的概念。青少年会接触各种各样的人，并表现出对他人的关心。不过此阶段青少年关心他人并非因为他们懂得换位思考，而是因为他们在意他人如何看待自己。他们时时刻刻都在照镜子，仿佛全世界的人都正在看他们脸上那颗微乎其微的痘痘。现在我们可以理解为什么青少年常说"丢脸（出丑）"了吧？他们误认为所有人都在关注自己的外貌与行为，自己宛如舞台上的主角，其他人则是台下观看自己表演的观众。

在青少年看来，台下这些观众非常尖酸刻薄，他们必须展现出最好的自己才行，于是他们对自己的发型、表情、动作、妆容、服饰，乃至脸上的一颗青春痘都很在意。由于过分在意别人的目光，青少年常常会做出不成熟的行为，有时为了吸引别人的注意，他们甚至还会做出愚蠢的事情。青少年觉得旁边的人每时每刻都在观察着自己，大家常说的"中二病"就是这种心理在作祟。

假设一个人在公交车上不小心跌倒，会发生什么事呢？已摆脱"假想观众"思维的成年人在跌倒的那一瞬间会很慌张，觉得丢脸，但绝对不会因为这种事而不乘公交车。可深陷"假想观众"思维的青少年，会自以为公交车上的乘客都看到并记住了自己跌倒时的窘态，所以即使学校再远也不愿再乘公交车上学。看似有点儿可笑，但请读者回想一下自己的青少年时期，应该也会唤起类似的回忆吧！

不过青少年的这个特征并非没有好处，虽然他们有些过度在意他人的目光，但这也是他们不断进步的原动力。有些青少年因为在意他人的看法，反而会更加坚守自己的道德节操。换言之，由于假想观众的存在，他们会时刻衡量自己的言语得不得体，或行为有没有遵守社会秩序。

一个曾经讨厌上学并在校外游荡的孩子说，因为觉得大家都以异样的眼光看待不去上学的他，所以他才下定决心要好好上学；一个在课堂上提出奇怪问题并收到良好反响的孩子说，同学们的鼓励提升了他的自信心，他越来越喜欢在课堂上积极提问了。由此看来，"假想观众"的思维对孩子的成长和发展也是有帮助的。

## 格外听话的初二学生

很多青少年非常情绪化,容易冲动,缺乏理性,自以为习得的知识与经验就是世界的全貌。他们相信各种网络媒体的流言和朋友说的闲话,反而对父母或教师诚恳的忠告感到厌烦。因此,父母想要亲近孩子,就需要有策略地帮助他们提升思考能力与认知能力。父母要怎样做才能让孩子保持良好的行为呢?一个有效的方法就是父母要成为孩子在现实中的理想观众,而非"假想观众"。

当父母成为孩子真正的观众,称赞和鼓励他的时候,他便能找到体内蕴藏的那个犹如宝石般闪耀的自己,并展现出成熟的样貌。新闻偶尔会报道一些青少年的善行美德:有个孩子脱掉自己的大衣盖在受冻的老人身上,并拨打120呼叫救护人员;有个孩子在放学路上捡到装有大量现金的皮包,送去警察局;还有个孩子拼命阻止一位50岁的男性跳海,直到警察赶到现场……这些孩子见义勇为的勇气来自哪里呢?我想很大程度上来自他们的父母和朋友,这些他们身边真实存在的理想观众。

有一个案例很有趣:在某次教师研习会上,一位初中二年级的班主任说自己班上的学生都很安分守己,没有出现所谓问题学生。他自谦说是因为自己运气好,遇到了一群乖巧懂事的学生。但身旁与他同校的老师却说这绝对不是因为他的运气好,而是因为他教育有方,并对其独特的带班秘诀赞不绝口。

是的,这些正处于青春迷茫期的初二学生,之所以能够平安顺利地度过这一年，必然离不开这位班主任的谆谆教导。虽然他总说自己没做什么，但是当我和他详谈之后，我才终于了解到他独特的带班秘诀。他的秘诀有两个核心，即"对每位孩子表达关心"和"简短的面谈"，具体做法如下：

- 每个月分别跟每位学生进行两次面谈。

- 说一些关心学生的话，如"多吃一点儿饭""剪头发了啊，头发变得很轻盈哟""今天看起来心情很不好啊"。当孩子跟老师谈心时，老师可以简单回应几句："这样啊""很辛苦吧""加油""我就知道你能做好"……

- 不将谈话变成严肃的例行工作，而是出其不意地与学生互动，随时随地展开谈话。

- 仅对犯错的学生进行批评，并明确指出批评他们的原因。

我听完他的话之后，真心叹服。虽然他的方法非常简单，但是其中使用了非常深奥的心理学原理，可谓柔中带刚。这位班主任不做学生的假想观众，而是当一个现实的理想观众，并对学生传达出"我正在关注你"的信息。基于对老师的感激，学生们便会产生不想让老师失望的心理，进而会约束自己的行为。可以说，老师的小小关怀改变了班上的每一位学生。更神奇的是，这些学生也开始变得关心同学了，他们一旦发现异常就会报告给老师："老师，最近○○○的状态好像不太好。"这些原本孤傲的初二学生，在看待朋友的时候开始变得和老师一样，眼神中充满了温暖的关爱。正是这种互相关爱的良好氛围，让这群孩子拥有了一种安定愉快的学校生活。

最重要的一点是，这位老师对每位学生的关怀都是发自真心的。正是老师这份真心实意的关怀，才让学生在受到他批评的时候，不会顶撞和反感。由此可见，即使是处于青春叛逆期的孩子，也会因为他人的温柔关怀而发生改变。当孩子正处于假想观众的世界中，自认为全世界的人们都在盯着自己、挑剔自己，并因此而感到非常痛苦的时候，如果能有一个现实的理想观众，让他知道有人在真真切切地关心自己、鼓励自己，那么无论遇到多么严重的问题，他都能勇敢面对并努力克服。

父母应该知道的青少年心理③

# 我很特别，
# 你们都不懂我

---

**我很特别**

"我就知道，你一直都是这样！"

你是否曾因这样一句话而感到内心崩溃？你是否曾因这份忍无可忍的侮辱而憎恨说话的人？可讽刺的是，大部分父母或老师经常会对孩子说出如此伤人的话。他们误以为只有这么说才会激励孩子，抑或这只是他们不小心说的气话，但不管是什么原因，他们的真实用意都是想激发孩子的内在动力。可是他们却不知道，这句随口说出的话只会带给青少年极大的伤害。

"这些唠叨对孩子来说不是司空见惯吗？为什么孩子会因此而突然暴怒呢？"不知情的父母感到非常紧张。他们不知道的是，虽然他们的这些唠叨十几年未变，但孩子已经变了。孩子一天天地长大，已经进入性格激变的青春期，发展出青少年特有的自我中心主义，所以，尽管父母对待孩子的方式一如既往，但孩子对此的反应却会发生一百八十度的大转变。

为什么青少年会有这种变化呢？原因在于青少年特有的自我中心主义与"个人神话"[①]（Personal Fable）情结。个人神话情结会促使青少年认为自己是独特的存在，让他们以为自己的情感与他人有极大的不同，自己亲身经历的友情、爱情、莽撞的挑战以及叛逆的行为都是独一无二的，而且自己是最重要且最特别的人，没有人可以理解自己。个人神话还会让青少年相信自己无论做什么事，那些危险情况都不会发生在自己身上，即使发生危险，自己也一定会毫发无损。

比如当青少年和妈妈谈起自己的友情问题时，如果妈妈说："妈妈当时也是这样的。"孩子就会顶嘴说："不是这样的！妈妈你一定不懂，不要装懂！"所以，当孩子和大人谈论青春期的爱情与友情、失望与挫折、迷茫与忧郁时，他们不是需要大人的忠告和建议，而只是想要炫耀属于自己的特别经验。这是青少年的一种典型心理特征，也是青少年会将自己独有的经验分享给朋友或上传到社交平台上的原因。他们觉得自己的经历是独一无二的，必须"昭告天下"才行。

---

① 一种自我本位的行为表现。认为自己十分重要，自己的感受和想法都很独特，甚至幻想自己无所不能或拥有超自然的神话特质，喜欢冒险挑战。

有时候，这种个人神话的心理特征会让青少年陷入消极负面的思想旋涡中。例如在碰到一些小问题或小困难的时候，他们会认为这是只有自己才会遇到的倒霉事。他们会以极端负面的思维去思考问题，从而得出错误的结论，并产生过度反应和激进行为。比如：

成绩退步了。→担心以后一事无成，无法赚钱糊口。→于是努力学习，可成绩还是没有起色。→没有人会理解我的心情。（个人神话情结）→与其求助，不如放弃一切。（错误的结论）

朋友不回我信息。→如果跟他说我很伤心，他会觉得我矫情。→没有人会理解我的心情。（个人神话情结）→大家都不喜欢我，没有人关心我。（错误的结论）

成绩退步或是跟朋友产生隔阂，无论是谁遇到这些情况都会感到伤心，可在深陷个人神话情结之中的青少年看来，他们的这种情绪是独一无二的，从而误认为没人能够理解自己，最后得出错误的结论。相信个人神话的青少年会认为自己的情感、经验和想法都是最独特的，且专属于自己，朋友们不会懂，父母或老师更不会理解，而这种负面的个人神话情结会降低他们的自我效能感，导致其自尊心低落，进而使其陷入恶性循环的圈套之中。

除此之外，个人神话情结还会让青少年产生过于积极的自我意识，在某些层面给予青少年过度的自信心与自我安慰。而过度处于非现实的想象之中，也会提高他们做出危险行为的概率。一旦青少年因冲动而犯下错误，通常会造成致命的心理伤害，或许事件本身并不严重，但很多孩子却会因此而耿耿于怀，甚至不能回归正常生活。总之，无论是过度积极的自我意识或极端消极的错误结论，皆来自孩子们的错觉。在这个过程中，最疲惫的人就是他们自己，而大人要做的就是协助他们顺利走出这条"黑暗隧道"。

**间接称赞的效果**

有个孩子觉得自己个子太矮，但身高是改变不了的事实，他只能忍受大家的嘲笑。如果这时大人对他说"你的身高来自父母的基因遗传，别胡思乱想了，好好用功读书才是正途"，那么孩子会因此而释怀吗？我想，他不仅无法释怀，还会对自我存在的价值产生怀疑。所以，当孩子向父母抱怨自己长得丑、个子矮、成绩差、没有异性喜欢的时候，父母千万不能这样说。你越是叫他不要胡思乱想，孩子越觉得你不理解他，他的个人神话情结就会越严重。父母如果想帮助孩子转变思维，就绝对不能直接反驳他这种个人神话的思维方式，因为他的自以为是或现在经历的挫折会让他觉得自己是独特的，这很有可能是支撑他活下去的力量。

那么我们该如何帮助孩子消除个人神话带来的影响呢？其实方法很简单。首先，我们要拥有健全的亲子关系，这样问题才能更好地得到解决。

"妈妈（爸爸）在你这个年纪的时候也有类似的困扰，真的很痛苦。尤其现在的情况和以前相比变化很大，所以你现在应该比妈妈（爸爸）当时更加痛苦。我们该如何安慰你比较好呢？"

父母告诉孩子自己以前也有类似的困扰，这样就能拉近自己与孩子之间的心理距离；"现在的情况和以前相比变化很大，所以你现在应该比我当时更加痛苦"这句话迎合了孩子的自我中心主义与个人神话情结，让孩子拥有一种被尊重和理解的感觉；最后一句"该如何安慰比较好"的提问，表示父母无论何时都会站在他的身边。虽然父母不能马上为孩子找到解决问题的好方法，但这样暖心的话语会让孩子拥有克服困境的内心力量，同时还能解开孩子的心结，提升其与父母沟通的意愿。

不过，孩子的改变不会一蹴而就，他不会一下子就投入父母的怀抱，而是会在回应父母的时候变得温和一点儿，或者隐隐约约地向父母吐露自己的心事。孩子有这样的进步便是成功的开始。

需要注意的是，倘若平时亲子关系不好，刚才提出的方法反而可能会起到反作用。因为如果孩子讨厌父母，不敬畏他们，那么他根本就不想听父母的经验，甚至讨厌父母假装理解"独特的自己"。这时候，使用"间接称赞"的方法或许会更有效。

焦点解决短期疗法（SFBT）的创始人之一史蒂夫·德·沙泽尔（Steve de Shazer）就非常推崇"间接称赞"的方法。比如父母对孩子说班主任或补习班老师称赞他，又或妈妈在和别人通话的时候，无意间跟对方称赞孩子。

"老师说你最近学习非常认真，他问我你是怎么做到的？我说你在这方面本来就很优秀，小时候遇到困难时，你比我还要冷静。多亏有你，我才能够保持心情平静。"

"〇〇最近都能自己做好事情，真是长大了。"

"〇〇只要下定决心，专注力比谁都好。"

这些话比直接称赞更有效果。也许，你觉得自己的孩子没什么值得称赞的地方，但即便孩子的问题再多，父母只要愿意仔细观察，就能发现他的过人之处。比如孩子的专注力只能保持10分钟，父母就可以称赞孩子的"短暂专注力很棒"。找到孩子的优点，并间接称赞他，当孩子获得了足够的正面反馈，他就会继续朝着正确的方向前进。间接称赞的一大优点就是说者的心理负担较轻，而听者又能获得足够的心理抚慰。

"你是怎么知道那样做能够帮助朋友的？"

"你是怎么想到的？"

"这是很好的处理方法,你是怎么学会的?"

"你是怎么懂得在爸爸生气的时候要先安静忍耐,等他气消之后再跟他谈的?"

间接称赞还能帮助孩子发现自己的长处,找到自己的目标,有时其效果会比直接称赞更好。孩子获得间接称赞后,除了能够提升自信心与自尊心,还能以更加正面积极的方式看待和解决问题。

研究"假想观众"与"个人神话"的心理学家戴维·艾尔金德强调:"这些心态通常在个体形成稳定的亲密关系后便会消失。"奥地利心理学家阿尔弗雷德·阿德勒(Alfred Adler)曾说:"人类的烦恼皆由人际关系而来。"父母要想和青少年子女好好沟通,就要先建立良好的亲子关系,和孩子一起欢笑,并及时抚慰他的情绪。你如果觉得直接称赞有些难为情,那就试试间接称赞吧!当你不知道该对孩子说什么或不知道该如何帮助他的时候,间接称赞绝对是最好、最有效的方法。

父母应该知道的青少年心理④
# 如果不能遵从自己的个性，
# 问题就会更多

---

**渴望获得认可的敏浩**

　　初三学生敏浩虽然没有感到焦虑或抑郁，但他的自尊心与自信心极低，对自己的想法和判断极度不自信，而且他非常渴望获得朋友和同学的认可。具备上述几项特征的孩子，通常不会因学习而让父母担心，真正令父母担心的反而是其他方面。敏浩是一个渴望获得朋友认可的孩子，但由于缺乏自我主张，他的言行举止很容易受到朋友的影响，如果交往的人品行不良，就会导致他的心理问题更加严重。

　　果然，敏浩很快便和一群狐朋狗友打成一片。他开始不写作业，旷课逃学，偷东摸西，有时还跟朋友夜不归宿，甚至离家出走。白天敏浩的父母都要出去工作，于是朋友们就提议去他家玩游戏。那群朋友里有些会喝酒，有些会抽烟，弄得房间里乌烟瘴气，一片狼藉。每次他们离开之后，都是敏浩一个人收拾残局。

同样的情形反复上演，敏浩渐渐产生了罪恶感和厌倦感，他开始贬低自己。他知道自己并没有获得那群朋友的认可，只是被他们利用而已。所幸的是，敏浩从中感受到了羞耻与愤怒，这促使他停下脚步开始思考，也让他最终意识到不该继续以这种方式摧残自己。

去年，他和好友吐露了自己的内心感受。那位朋友非常理智，劝他找父母商量，敏浩也认为单靠自己的力量，恐怕无法断绝与那些坏朋友的来往。虽然父母一开始非常生气他之前的行为，但冷静一段时间之后，他们还是积极地帮他思考摆脱困境的方法。最后父母决定搬家，并为他办理转学。万幸的是，此后敏浩再也没有跟那群朋友联系，并重新开启了学校生活。

敏浩很在意他人的认可和评价。父母在他读小学时，经常会和老师联系，询问他在学校的情况，但自从他升入初中，父母以为他已经可以自己处理问题了，于是就不再关注他的学校生活。他从父母身上得不到认可和关心，便将注意力转移到其他人身上。他太想获得别人的认可，因此不懂得拒绝朋友的无理要求，道德标准也逐渐降低。可是让他改过自新的因素同样来自这一点，极度在意别人看法的他，因为担心父母知道自己做出这些事后的反应，以及害怕其他朋友和老师对他投来异样的眼光，所以才愿意接受朋友与父母的帮助，积极地改变自己。

自从那次事件后,父母总是不断地鼓励和称赞他,在学习上也会尽力帮助他,作业太多时,还会帮他和老师协调。因此,敏浩强烈的认同欲(希望得到别人的认同以及理解的欲求)和易受外界影响的性格最终朝着好的方向发展。

如果仔细观察青少年的问题行为,我们就会发现大部分问题与孩子的性格相关。虽然性格可以改变,但一味地想要改变孩子的性格,并不是一个明智的做法。事实上,父母要做的第一件事是支持与鼓励孩子,帮助他发挥自己性格的优点,再一点一点地纠正其性格的缺点。倘若不让孩子发挥自己原本的优点,孩子的自我效能感就会降低,他们会觉得自己什么事都做不好,最终变得焦虑抑郁、无精打采。接下来我们就来看一下高中二年级学生善美的案例。

## 需要独处时间的善美

高中二年级的善美会因为一点儿小事就感到焦虑,甚至畏缩不前。她总是心情抑郁,内心有一种深深的无力感,做什么事都难以集中注意力。上课时她无精打采,回到家不是睡觉就是玩手机。她对自己的未来感到担忧,却又没有足够的自信去改变。但奇怪的是,跟朋友在一起的时候,她表现得非常开朗,简直跟独处的时候判若两人。

善美在小学六年级时曾受到过同学的排挤,因此留下了心理阴影。上初中后,她与朋友一起玩的时候都会隐藏自己真实的想法,比如她对朋友会无条件配合,不懂得拒绝,总是一味地忍让和迎合对方。这种情况持续得越久,她就变得越抑郁。在接受心理咨询的时候,她也会带着伪装的笑容谈论自己的故事。也许,笑容是她的防御机制,她不愿说出一个"累"字,单方面地配合对方,直到自己"燃烧殆尽"。这样的她哪有精力去应付其他的事情呢?

为了劝说她放下在他人面前勉强挤出的笑容伪装,我在第二次咨询时开门见山地对她说:

"善美,今天谈话的时候请你试着不要笑,只需真实地说出自己的想法。"

听到我的话后,善美睁大眼睛,露出一丝慌张。

"你觉得好就说好,觉得讨厌就说讨厌,不知道就说不知道,需要思考就说我要思考。总之,直白地说出内心的真实想法就好。"

善美沉默了一会儿,用非常小的声音回答:"好。"从那之后,她仿佛换了一个人,由于卸下了伪装,她渐渐显露出真正的样貌,那是一种沉静与忧郁的特质。看着她忧郁的表情,我担心地问:

"表达出自己的真实感受,感觉如何?"

"感觉很平静。"

善美本来是一个性格内向、喜欢安静的孩子。她喜欢一个人画漫画、听音乐,平静地过自己的生活。像这样蓄满能量后,她才有精力继续戴上面具面对他人。可是她却长期待在人群里强迫自己微笑聊天,不断迎合对方的心情,可以说她真的已经"燃烧殆尽"了。心力交瘁的她对自己的未来非常迷茫,总是想着自我放弃,觉得自己做什么都不行,所以干脆什么都不做,也不去挑战。虽然学习成绩一直维持在中上水平,但有强迫症的她仍觉得自己不够好。善美很有绘画天分,还曾得过奖,但她觉得那只是一个校内奖,根本不值一提。

就这样,善美的心理状态持续恶化,并陷入了恶性循环。她对任何事情都消极应对,对一点点的批评或指责都非常敏感,时常感到愤怒。可是她不懂得发泄情绪,只是一味地压抑着自己的愤怒,也不敢表达自己的意见,最终在不断自责中变得越来越抑郁,自尊心和自信心也都不断受挫。

现在最重要的是帮助她认识到自己的优点,以及为她营造一个不受朋友影响的环境。她需要进行一些有助于自我了解和自我发展的活动。好在她仍然心怀梦想,渴望成为一位漫画家,但她又自觉绘画技巧不纯熟,不足以实现自己的梦想。于是我通过"心理与职业倾向测验"帮助她了解自己的心理状态与职业倾向。"好神奇!"这是她听完测验结果的分析后说的第一句话。当得知自己的梦想与职业倾向相符时,她开心极了。她终于可以往前踏出一步,慢慢走出黑暗的"洞穴"了。

　　了解到自己的艺术天分与漫画家的特质吻合,善美便开始积极钻研平板绘图技术,并学习各种绘图软件。在父母的帮助下,她暂时断绝了和朋友玩乐。独处看似孤单,其实不然,除了上学和去补习班,她都在家练习画画,设计漫画角色与故事情节,渐渐地,她找回了自己最真实的样子,不再为迎合别人而违心假笑。现在的她文静淑雅、内心平和,偶尔会露出温柔而自然的微笑。在最后一次心理咨询时,她开心地告诉我,下课后,同学们都会主动找她,争先恐后地看她的漫画作品,还请她给他们画画。以前善美是朋友们的小跟班,一直委曲求全地迎合大家。如今她在找回真实自我的同时,也与朋友们建立起了全新而健康的友情。

## 我家孩子的个性是什么?

　　善美曾说:"我不知道我是谁。" 明明与自己的个性不符,却勉强自己去迎合对方。青少年如果在自我成长的过程中出现类似的问题,就有可能面临与善美一样的困境。青春期是一个人逐渐认识自我、了解自我的黄金时期。在此期间,如果孩子获得足够的理解、关爱和尊重,他就能不断地完善自我,并健康快乐地成长;但如果父母总是自以为是地按照自己的想法去强迫孩子,他的内心就会产生混乱、焦虑、恐惧,乃至逆反心理,最终陷入困境或犯下错误。

父母总是说不懂孩子在想什么,却从不会说不了解他的个性。父母只是不满意孩子的个性,因此否定他们。比如一旦孩子不按部就班地学习,父母就会担心他,生怕他跟不上学习进度。可是孩子们的个性千差万别,有些人需要别人称赞才有动力前进,有些人则喜欢独来独往;有些人不喜欢按部就班、循规蹈矩地做事,有些人则不按照计划行事就会感到慌乱不安。个性是指个体独有的并与其他个体区别开来的整体特性,即具有一定倾向性的、稳定的、本质的心理特征的总和。了解一个人的个性,就可以事先预测他在何种情况下会做出何种行为。个性的形成因素比较复杂,既有个人特质的因素,也有社会环境的因素。天生的个人特质与后天的社会环境都很重要,人在成长过程中会慢慢形成自己的个性,直到20岁发育完成。20岁以后,人的个性不会有太大的改变。

父母应该了解孩子的个人特质,并以符合他们个性的方式进行温和而有效的教育。强迫一个害怕站在人群面前的孩子参加演讲比赛,犹如翻越高山一样困难。面对这种个性的孩子,父母可以对他说:"你能在一两个人面前自然地表达想法已经很棒了。"相反,若对一个喜欢在人群面前表现自己的孩子说,"这样做是不好的行为,赶紧安安静静地坐下",这同样违反了孩子的个性,会导致其自我发展的动机受挫。

青少年喜欢玩心理测验游戏,因为他们想要通过心理测验了解自己到底是谁。他们虽然拒绝测验自己是否有心理问题，但是却喜欢通过测验来了解自己现阶段的能力倾向，发掘自己的兴趣与优点，因为他们想知道自己是怎么样的人。以善美为例，她明知自己的行为有问题，内心愿意接受心理咨询，但身体却十分抗拒，可是在我拜托她进行"心理与职业倾向测验"时，她却很爽快地答应了。

父母要熟记一点：先让孩子发挥个性的优点，再逐步改善其个性的不足。父母同样也要先了解自己的优点，再去思考该如何养育孩子。因此，我会在做心理咨询的过程中，分别给孩子和父母进行心理测验，以便让他们更加了解自己的个性。父母的个性虽不易更改，但如果孩子出问题的原因是找不到自己的性格定位，那么父母就需要从自身出发，改弦更张，主动求变。所以在与父母进行交谈时，我常会跟他们说：

"你们已经做得很好了，只不过采用的方式与孩子的个性不符。这么说可能有些冒犯，但是你们真的应该停止以前的做法了。你们如果想改变孩子，就必须先改变自己。这并不是要求你们一天24小时都要顺着孩子的意愿，一味地配合他，当孩子回到正轨时，父母依然可以遵从自己的个性对待他们。但是在孩子需要帮助时，父母最好优先尊重孩子的个性，给予他们当下最需要的帮助，这样才能让孩子顺利度过青春期。"

父母应该知道的青少年心理⑤
# 为找寻自我而烦恼和彷徨

**比学业更重要的事情**

与学习成绩和身体素质相比，青少年更重要的个人发展项目是心理的健康成长。虽然身体要棒，成绩要好，但心理更需要健康。可是许多父母只关心孩子在学业上的表现，而忽略了孩子的心理成长。韩国女性家族部（MOGEF）发布的《2019年青少年统计》显示，2018年男女青少年的压力认知率分别为38.9%和51.1%。女生高于男生，且年级越高，压力认知率越高。另外，韩国政府以"近一年有两周以上时间曾陷入悲伤或绝望，以致无法进行正常生活"为主题进行了调查，最终统计出具有这种抑郁经历者的比例。其中初中生为25.2%，高中生为28.7%；男生为21.1%，女生为33.6%。由此可知，年级越高，抑郁者的比例就越高，而且女生的比例大于男生。

换句话说，假如一个班有30个学生，其中有8~9个学生曾经陷入悲伤或绝望，以致无法进行正常生活。即使你认为自己的孩子心理还算健康，也应该认真地观察一下，因为有些孩子看似一切正常，但若仔细观察，就会发现他们已经处于危险的边缘。我曾经采访过一位高中顺利毕业的大学生，他向我讲述了自己的青少年时期。

"我的兴趣比较广泛，一天里有不少欢笑的时光，比如下课时间跟朋友们开开玩笑、在运动场打打篮球、偶尔逃课不去上晚自习或者拿零花钱去买零食等，但这不代表我不曾有过轻生的念头。当时因为自己和父母的关系不好，我很有压力，对未来也感到迷惘，那时就曾想过轻生。我的好朋友们也都有过这样的念头。"

还有一位大学生曾表示自己在高中时期十分孤独，没有人可以倾诉。他认为跟妈妈诉苦无济于事，而自己从初三时就不怎么和爸爸说话了。好在这位学生能将自己的心理压力转化为学习动力，最后考上了理想的大学。大家都为他感到高兴，可他本人却并不开心。他的父母也不了解他内心的真实感受，他们在为孩子考上大学而感到自豪的时候，却不知道孩子的心中对他们充满了怨恨。所以，在考上大学后，他主动向我寻求心理咨询，并拜托我不要将这些事情告诉父母。他还让我不用担心诊疗的费用,说自己在高中时存下了很多零花钱,足以支付诊疗费。

写这些案例的目的,并不是要恐吓那些对孩子放任不管的父母,只是要说明不是每个孩子都会将痛苦表现于外,有些孩子看似一切安好,但其心理并不是没有问题。信任父母或老师的孩子一般会去找他们商议与求助,比如有的孩子会假借身体不舒服去保健室找老师诉苦,以获得安慰和勇气;有的孩子则会郑重地拜托父母带他去进行心理咨询,因为他很清楚自己出现了心理问题,而懂得请求帮助,则代表他拥有健康的想法。

有些孩子性格开朗,考进了一所好大学,但这不代表他们过得很好,或许他们的内心已经腐败溃烂,外在的平静只是假象,就像暴风雨前夕的宁静。他们听大人的话,相信只要考上一所好大学,一切都会好起来,可是进入大学后,却患上了"大二病"[1]。他们虽然已经成功考上大学,但是仍然没能找到自己未来的方向,生活还是跟过去一样,这种心理落差导致他们心态崩塌。有些父母在得知顺利考上大学的孩子竟然在服用治疗抑郁症的药物后,深感抱歉和自责。

令青少年痛苦的原因是什么呢?你可以说是因为过重的学业压力,但这不是全部。造成青少年压力过大、抑郁加重的因素除了学业问题和就业问题,还有心理发展问题。父母只会一

---

[1] 指大学生度过大一新生期后,充分掌握了大学生活的运转规律,开始无所事事地混日子的一种状态。

味地关注孩子的学习成绩和未来出路，却对孩子的心理成长毫不关心，因此孩子在面临心理问题时，只能依靠自己。

接下来，我们来探究一下青少年的心理发展历程吧！各个阶段的孩子会面临哪些心理问题？孩子该如何顺利完成每个阶段的心理发展任务，健康快乐地成长？如果没能完成发展任务，会有什么后果，以及有哪些应对措施？这些问题都将在下面得到解答。

**青少年必须面对的心理发展课题**

爱利克·埃里克森（Erik Erikson）是首位以人类一生的心理发展课题创论的发展心理学家和精神分析学家。虽然人与人之间存在一定差异，但个体的生理成长过程与社会压力的相互作用一般可分成 8 个阶段，这就是著名的社会心理发展理论。埃里克森指出，每个人在每个阶段都有必须克服的社会心理危机和与之息息相关的心理发展课题。这里的课题是指个人为适应环境所需要培养的社会心理技巧。

顺利完成上一阶段的心理课题有助于下一阶段课题的开启；反之，如果上一阶段的课题没能顺利完成，那么接下来的课题将会变得更加困难。由此可知，孩子在幼儿园与小学阶段心理发展顺利，青少年期也会变得顺利；但如果上一阶段的心理发展出现问题，那么就不能只关注当前阶段的心理课题，还必须弥补上一阶段的缺陷。或许你会感到郁闷:"当下要面对的课题已经这么难了,哪里还有时间去修复孩子过去的创伤?"但如果孩子不解决过去遗留的心理创伤,而是选择一直咬牙硬撑,那么他的心理现状就绝对不可能得到改善。只有赶紧回头处理好上一阶段的遗留问题,才有可能顺利解决当前阶段的心理课题。

因此,父母倘若现在无法理解孩子,就需要回溯一下过去,看看他在哪个阶段的心理课题出现了问题。有些父母发现问题出在自己过去的育儿模式上,心里可能会有些抵触,但唯有正视和解决问题的根源,孩子才能走向更加美好的未来。下面我们讲一讲人类社会心理发展的前 6 个阶段,即婴儿期、幼儿期、学龄前儿童期、学龄儿童期、青少年期和成年早期。

---

**埃里克森的社会心理发展理论**

**第一阶段:信任与不信任(0~1 岁)**

婴儿要通过父母才能满足自己的身心需求,学习外界的认知与感受。信任指孩子相信自己、他人及外界环境,拥有"对我如此百般呵护的世界是值得信赖的地方""我很不错,是一个很重要的人"这样的思维。由于父母真诚和温暖的照顾,加上外界一致给予的支持,婴儿会对此产生信任。反之,婴儿若缺乏父母的照顾与保护,则会产生不信任感。埃里克森认为,孩子在这一时期形成的信任对他以后各种社会关系的建立与适应有着密切而重要的关系。

**第二阶段:自主与羞怯(1~3岁)**

这一时期的幼儿最常说的话是"不是""不要"和"我要",他们拒绝受人控制,尝试独立做事。因此,在这个阶段,要尽可能多地给孩子提供自己动手的机会。当然不是要给他完全的自由,父母要在这一过程中给予他适当的鼓励和帮助,使其行为符合社会规范,帮其养成良好的习惯。例如可以称赞独自吃饭或穿衣服的孩子,增加他的成就感。若时常责骂孩子,说他做得不好,孩子就会开始怀疑自己的能力,并对自身感到羞怯。所以无论是过度保护、过度放任,或是过度教训,都会影响孩子的心理发育。

**第三阶段:主动与内疚(3~6岁)**

主动,代表孩子具有责任感和创造力,拥有领导他人的意愿。这一时期的孩子不管做什么事情,都希望按照自己的意愿去做。他们好奇心强,喜欢探究新事物;占有欲旺盛,经常说这是"我的杯子、我的衣服和我的玩具";稍不顺心就会哭闹,而且爱跟人顶嘴。虽然这么说有点儿让人难以接受,但这些让父母头疼的行为,正是孩子健康成长的表现。如果父母能够支持孩子的这些主动行为,那么儿童会以一种健康的创新意识顺利度过这个阶段；反之，如果父母限制或否定孩子的行为，对孩子的各种提问感到厌烦，孩子就容易产生内疚心理。

**第四阶段：勤奋与自卑（6~12岁）**

这个阶段是决定儿童自我成长的黄金期。从这一阶段起，孩子开始脱离家庭环境，正式进入更为广阔的校园生活，并需要学习一些基本的知识和社交技巧。这一阶段的孩子渴望获得成就感与勤奋感，喜欢学习各种事物，读书也非常用功，所以鼓励与称赞对他们来说非常重要。不过，与其他人做比较会让孩子产生自卑感，因此父母千万不要仅以学习成绩判断孩子的能力，毕竟学习成绩只是能力的一种表现形式，而不是唯一的表现形式。如果孩子不能在这一时期培养出勤奋进取的精神，或者父母在孩子犯错或失败时一味地指责他，孩子就会产生自卑感。

**第五阶段：自我同一性与角色混乱（12~18岁）**

埃里克森认为，在所有8个阶段中，第五阶段尤为重要。因为孩子在这一阶段会因生理的突然变化而产生内心冲突，从而威胁内在自我。由于身体快速发育，外貌发生极大的变化，这个时期的孩子会有些惊慌失措，常常站在镜子面前观察自己。"我是谁？""我在社会上的角色定位是什么？"他们面临的最重要课题就是了解自身能力，明确自己的社会角色和社会责任。同时，这一阶段也是选择与决定未来的重要时刻。为了寻求答案来解决自身疑问，青少年往往会投入大量精力，但是这些问题的答案并不是如探囊取物一样简单，他们会因此陷入迷茫和彷徨。一旦迷茫的时间过长，孩子将会面临角色的混乱。在这一时期，青少年会在同伴或喜爱的英雄人物中寻找楷模，或者参加各种社团活动来锻炼自己。

如果孩子能在这个阶段建立起自我同一性，那么不管在以后的哪个阶段遇到心理危机，他都能平安度过；反之，混乱和迷茫则会持续到下个阶段。可以说，这一阶段的重要性不亚于第一阶段。

### 第六阶段：亲密与孤独（18~35岁）

在这个阶段，孩子正式迈入成年人的生活，开始选择自己的职业，并寻觅共度一生的伴侣。这一时期最重要的课题是与他人建立亲密关系。埃里克森表示，一个人需要先在青少年期建立起牢固的自我同一性，才能在这一阶段与其他人产生情感共鸣，形成真正的亲密关系。否则他便会离群索居，回避与别人亲密交往，最终将会陷入孤独和寂寞之中。

你的孩子现在正处于哪个阶段？过去的发展课题都顺利过关了吗？他现在表现出来的问题很可能与过去的成长经历有

关，所以父母在今天责骂孩子没把事情做好，或追问他为什么犯错，一点儿意义也没有，父母该做的是驱散以前那些折磨孩子的阴影。如果父母能对孩子多一点儿恻隐之心，孩子绝对能比现在成长得更好。所以，我们接下来要讲讲父母的心理状况。

**孩子需要同一性，父母需要生育感**

青春期儿子碰上更年期妈妈，谁会赢？这是青少年的妈妈们之间常说的玩笑话，既好笑又令人悲伤。更年期的烦恼不亚于青春期，因此更年期与青春期火花四溅的碰撞和对决，结果只会两败俱伤。

埃里克森的社会心理发展理论的第七阶段是生育与停滞（35~65岁），这一阶段的发展课题是生育感。"生育感"是一个有着复杂意味的概念，在埃里克森看来，生育感有生和育两层含义。即便一个人没有生孩子，他只要关心、教育和指导孩子，就也会具有生育感。如果一个人在这一阶段中因某些因素导致自身不具备生育感，那么其人格发展就会出现停滞，他就会变成一个自我专注的人。这种人只考虑自己的需要和利益，不关心他人（包括孩子）的需要和利益。

这一时期，人的身体机能开始走下坡路，但它却是发展成熟的心态和精神状态的好时机。虽然人们步入中年以后，身体会不可避免地产生疲惫感，但是为了协助孩子的发展，父母必须具备健康的生育感,才能睿智从容地帮助孩子健康成长。当然,孩子的一些行为可能会令父母感到伤心和愤怒,但是父母必须学会自我调节,并判断孩子最需要的帮助是什么。

榜样是青少年确立自我同一性的关键之一。青少年乐于接受他所认定的榜样的意见,并将其纳入自我成长的一部分。因此,父母和老师要努力成为能够影响青少年心理成长和发展的优秀榜样。你家孩子现在有尊敬和效仿的榜样吗?青少年的榜样大都是历史上的伟人,或叱咤商界的大佬,你或许会觉得是他们创造的丰功伟绩赢得了青少年的青睐,但询问青少年尊敬这些人的原因,得到的答案却往往是敬佩他们在困境中勇于挑战的精神。同样,父母也能够成为青少年敬佩的对象。某专业英语学习机构曾专门调查过英语优等生敬佩的对象,结果显示,2016 年父母排在第四名,2017 年则升为第一名。

这些优等生敬佩父母的原因有很多,比如敬佩妈妈"为家人奉献和牺牲""常听我诉苦且给我建议""一直陪伴在我身边""家庭工作两不误"等,敬佩爸爸"勇于承受家庭和公司的双重压力""一人维持家计""是能让家人倚靠的顶梁柱""和我十分谈得来"等。

有些青少年敬佩父母的原因竟然只是他们愿意听自己诉苦、跟自己谈得来,以及相信自己。当你得知如此简单的行为就能获得孩子的敬意时,你还有什么理由不去尝试呢?倘若父母能够理解孩子内心的痛苦,帮助他们建立和发展自我同一性,那么不管是孩子还是父母,都能在各自所处阶段的发展课题中取得成就。

英国首席幸福经济学家理查德·莱亚德（Richard Layard）强调："最能准确预测成年期生活满意度的变量，是儿童与青少年期的情感健康程度，而非学业成就的获取程度。"因此，父母如果想要自己的孩子在未来获得幸福，就不能只关心孩子的学习成绩，而是需要更加重视孩子的情感健康。

# 这些都是
# 正常现象

**最令父母担心的问题行为**

我曾经请一些青少年的父母写出孩子的行为中最令他们头疼的问题行为,现在我将小学高年级学生父母与中学生父母的回答整理如下:

---

**小学高年级学生父母认为的问题行为**

**情感状态** 说话态度狂妄、经常不好好回答父母的问话、不懂得顾及他人感受、以自我为中心、性子急、缺乏耐心、连说一句"好,我知道了"都不会、非要大声说话才听得见、经常跟弟弟妹妹吵架。

**手机与游戏**　过度沉迷于电视和手机、只顾着打游戏、经常不遵守玩游戏的时间约定。

**学习态度**　不爱坐到书桌前读书、总是先玩耍后写作业、写作业的时候三心二意、忘记带作业本回家、专注力差、不做学习计划、坐姿不端正、经常逃课。

**日常行为**　基本的洗澡和换衣服都做不好、房间脏乱不整理、早上爱赖床、随地乱丢垃圾、不整理书桌、经常迟到、社交能力差、内向怕生。

## 中学生父母认为的问题行为

**情感状态**　大声尖叫、说话没礼貌且爱发牢骚、喜欢顶嘴或冷战、经常发脾气、不爱讲话、不会控制情绪、固执地做一些无意义的小事、一生气就锁上房门、一伤心就闷头大哭、爱取笑和挖苦别人、对妈妈大呼小叫、跟弟弟妹妹吵架、打骂弟弟妹妹。

**手机与游戏**　过度沉迷于电视和手机、不停查看手机社交软件上的信息、一天看网络漫画超过两小时、逃课去网吧打游戏、手机被父母没收后跟朋友借手机使用。

**学习态度** 不做作业、讨厌读书、做什么都三分钟热度、没有时间观念、不做或拖延做该做的事、考试期间跑出去玩、坐在书桌前做别的事、不知道考试范围、常以给钱或买手机作为成绩进步的交换条件、放弃某个科目、放弃读书。

**日常行为** 做事慢慢吞吞、弯腰驼背或坐姿不良、懒惰、爱咬指甲、不洗澡就睡觉、不让别人进自己的房间、熬夜不睡觉、通宵打电话、假日经常睡到中午、回家晚、跟不良少年一起厮混。

显而易见,青春期的征兆从小学高年级起就开始显现,迈入初中后变得更加显著。上面这些行为到底是有问题的行为,还是青少年的正常行为呢?整体看来,日常行为越来越懒散,对待家人的态度变得没大没小,以及长时间玩手机等情况的确很有问题,尤其是不用功读书、拒绝与家人沟通的态度,令父母气愤不已。

不过,如果父母回忆一下自己在青少年时期的行为就会发现,自己当时的情感状态、学习态度和日常行为与现在的孩子没什么不同,除了一点:以前的孩子没有智能手机,而30年后的今天,每个孩子手上都有一部智能手机,这会导致发生问题行为的危险性更高。不过,虽然孩子们容易沉迷于这个父母管控不了的虚拟世界,但只要父母进行合理的引导,手机就不会成为问题。所以,如果我们仔细观察就会发现,孩子的这些行为并不特别,青少年或多或少都有这样的表现。

只要回想一下前面描述的青少年心理特征，我们便会明白，这些行为基本属于正常现象。我们要知道，不是只有我们家的孩子会有这样的行为，其他孩子同样是这副模样，所以父母应该重新审视孩子的各种行为，并致力于恢复亲子关系，这样孩子才能平安顺利地度过这个时期。

进入小学高年级后，随着学习难度的增加，孩子开始显露出性格上的问题，进而引发他们的日常生活态度出现问题，此时父母的唠叨与教训已不再管用。到了初中，身体特征的快速变化引起他们对性别的好奇与冲动，他们的情绪开始变得躁动不安，一不小心就会做出叛逆行为。升到高中以后，由于面临高考的压力或就业的压力，他们对未来感到迷茫，甚至还会产生抑郁或情绪失控。

虽然上述的大部分现象属于正常行为，但不代表父母可以对孩子放任不管，父母还是应该适度地干预。如果父母能够理解青少年的心理，并适当地给予支持与帮助，孩子就能更轻松地解决这些问题。对于青春期症状稍微严重的孩子，譬如那些每天熬夜跟朋友通信聊天、一到周末就瞒着父母通宵打游戏的孩子，父母只需稍微纠正一下他们的生活习惯，制订一些简单的规则，就能防止问题的加重，帮助他们顺利度过这段狂风暴雨般的时期。父母只要以理解孩子为基础，适时、适度地介入他们的生活，孩子就会愿意找父母商议，主动寻求自由与管控之间的平衡点。

"如果我一直玩游戏,请跟我说不要再玩了。"

"和朋友在外玩耍的时候,我不好意思先走,所以拜托妈妈两个小时后打电话叫我回家。"

"我写完作业后,请帮我打分数。"

"明天早上 6 点我要起床复习,所以请叫我起床,一定要叫到我起床为止!"

如果孩子能够对父母说这些话,就表示他正在往好的方向发展,相信父母听到这些话的时候也会感到非常欣慰。所以,如何引导孩子主动说出这样的话,既是父母当前面临的重要课题,也是父母需要花一些心思去认真思考的问题。

## 孩子请求帮助的信号

当上小学高年级的孩子开始进入青春期的时候,如果父母未能给予适当的帮助,等到他们升上初中,某些问题行为就会变得更加严重。孩子发脾气摔门进屋的行为,虽然父母不甚满意,但是某种程度上仍属正常现象。可是如果孩子每天熬夜玩游戏或看电影,不去上学的日子越来越多,或者与父母的冲突演变成暴力行为,父母就必须要警觉起来,并及时询问一下孩子是否遇到了难以解决的事情。比如有些孩子不把心思放在学习上,整天跟爱玩的孩子混在一起,成为校园霸凌的参与者;

还有些孩子则迷上了赌博，或玩聊天软件时遭遇了电信诈骗。很多时候，当我们回过头来就会发现，让青少年误入歧途的主要原因，竟是父母未能及时发现孩子发出的信号，或是即使发现，却没有重视，抑或是亲子之间沟通不畅，孩子不愿向父母吐露自己遭遇的危机。无论原因是什么，父母看见孩子这样都会难受，但更不要忘了，最难受的其实是孩子本人。

虽然孩子装出一副洒脱的样子，但是父母不能因此而掉以轻心。或许正是因为他们觉得父母帮不上忙，所以干脆装作若无其事；也或许是因为找不到解决办法，所以才假装不放在心上。孩子年幼时尚未掌握表达自我情感的适当方法，所以会通过哭闹的方式来表达自己的情绪，可是孩子长大之后，当遇到无法准确表达自己内心想法的情况时，他们不能再像小时候一样大哭大闹了，所以只好用叛逆的行为来表现。父母如果将孩子的这些行为仅视为问题，就难以理解孩子的真心。因此，孩子的问题行为不仅是父母必须解决的"问题"，更是孩子如同暗号般的求助"信号"。

"这算什么求助信号？需要帮忙就直接说，干吗制造问题？这哪是发信号，根本就是闯祸嘛。医生为什么总说这是求助信号？"当我说要把孩子显露在外的问题视为求助信号的时候，有位妈妈如此反驳我。

的确，父母可能会这么想，但我们都有过这样的经验：不断教训哭闹的儿童，他还是会继续哭闹；相反，如果能及时安抚他受伤的心灵，儿童就会停止哭闹行为。这就说明，儿童哭闹既是问题行为,也是求助信号。心智尚未发育健全的青少年的问题行为,除了种类与严重程度不同,实际上和儿童哭闹的性质一样,仍然是一种未能正确表达自我的表现。父母面对青少年的行为,若仅将其视作问题,反而会造成他们的行为进一步恶化。

总而言之,父母能够及时察觉孩子通过问题行为表达出来的求助信号,是改善其表现的关键一步。

# 这些才是
# 危险信号

**心太痛了**

那天是第八期青少年父母教育课程开课的日子,大约有20名青少年的父母前来听课。本来父母对这种教育课程的参与度就非常低,因为他们觉得即使自己再努力,也不会让孩子的日常行为和学习态度有所改变,与其这样,还不如让孩子自己努力做出改变。不过,这些参加课程的父母,都殷切希望能改善自己与孩子之间的关系,期待自己能掌握引导孩子的方法,帮助他走向更加美好的未来。他们一方面烦恼该如何做一个成熟的父母,另一方面因为孩子的现况极度糟糕,而必须想办法尽快改善。

上课的第一个小时,我先请每位父母进行自我介绍,内容包括自己的名字、孩子的年纪和就读年级、参加这堂课的原因，以及希望在这堂课中收获什么。其中一位妈妈在讲述孩子的情况时，曾一度哽咽得说不出话来。看到这位妈妈悲恸欲绝的样子，大家不禁热泪盈眶，明明是为了孩子而来，可在场的父母仿佛比孩子更加心痛和无助。

每个孩子的情况各不相同：有的孩子每天都吵着不想上学，有的孩子虽然按时接受心理咨询却仍无明显改善，有的孩子早已休学在家只顾玩游戏，有的孩子做什么事情都兴致缺缺，还有的孩子成为校园霸凌的受害者或加害者，甚至有的孩子因受到伤害而产生被害妄想症。这些孩子的情况为什么会变得如此严重？

## 察觉青少年的抑郁情绪

想要察觉青少年的心理问题并不容易。有些父母即使知道孩子很累很烦，也依旧难以察觉孩子的求助信号，因为大部分青少年不喜欢向父母吐露自己的心声，他们讨厌父母干涉自己的生活。因此，要想及时察觉孩子的心理问题，父母必须主动深入地观察孩子的生活，例如留意孩子是否健康地成长、有没有遇到什么困难等。近年来，一些学校也会定期对学生进行情绪和行为倾向测验，以此来了解孩子的心理健康状况。如果孩子的测验结果出现异常，父母千万不能忽视，要尽早寻求专家的帮助，这样孩子才能及时克服心理问题。

抑郁是青少年出现心理问题的典型信号，包括抑郁感和抑郁症，两者有所区别。抑郁感是一种情绪反应，表现为胸闷、心烦意乱、精神萎靡，总感觉会发生不好的事情或出现危险，因此心情会变得忧郁，经常以悲观情绪看待事情。而抑郁症是一种精神疾病，与抑郁感最大的区别在于患者的心情会莫名地持续低落且无法控制。同时，抑郁症会让人睡不着觉，专注力下降，偶尔还会出现厌食或暴食。如上述症状持续出现，且没有缓解，请赶紧就医。

一个人出现抑郁感并不意味着一定会患上抑郁症，但如果抑郁感不断加重，对任何事情都消极以待，整天惊恐不安，严重影响生活，就很有可能会转化为抑郁症。抑郁症会对青少年造成极大的影响：患者无法专心学习，导致成绩退步，进而对学习感到绝望，并抗拒上学；更有甚者会感到身心疲惫，对任何事情都失去兴趣，并想要放弃一切。因此，当青少年产生抑郁感的时候，父母千万不能袖手旁观，让孩子自己克服，而应该主动帮助孩子，以防抑郁感转化为抑郁症。比如父母可以积极帮助孩子找到兴趣爱好，鼓励孩子找回自信心等。

青少年的抑郁症又称作"戴着面具的抑郁症"。成年人在心情不好的时候会主动表达自己的抑郁情绪，但青少年仅会以"无聊""真没劲""好烦"等话语或叛逆的行为来表达情绪，况且孩子不易察觉自己的情绪，更不可能会对人说："我好抑郁，请帮帮我。"如今很多父母还在忽视儿童和青少年的抑郁症，在他们看来，小孩子能有什么烦恼，怎么会得抑郁症呢？可是，青少年出现抑郁的症状正是其心理出现问题的征兆，父母一定要多加警惕。

下面为美国哥伦比亚大学精神科教授迈尔娜·米尔格拉姆·魏斯曼（Myrna Milgram Weissman）与同事一起研发的儿童和青少年抑郁程度量化表。我们可以通过该表，了解青少年在情感层面的忧郁状态。该表既可用于孩子自主检测，也可让父母对孩子进行检测，最好双方同时进行，然后将检测结果互相比对并充分讨论，这样更有助于父母了解孩子的心理状态。需要注意的是，当孩子的测试分数高于标准分数时，父母一定要尽快为其寻求心理专家的帮助。

―

**儿童和青少年抑郁程度量化表**

请根据过去一周的自身感受进行选择。

| 编号 | 描述 | 极少（未满1天） | 偶尔（1~2天） | 经常（3~4天） | 非常（5~7天） |
|---|---|---|---|---|---|
| 1 | 对日常琐事感到烦躁。 | 0 | 1 | 2 | 3 |
| 2 | 没有食欲，不想吃东西。 | 0 | 1 | 2 | 3 |
| 3 | 跟家人和朋友相处时想要尽量保持开心，但就是开心不起来。 | 0 | 1 | 2 | 3 |
| 4 | 觉得自己跟其他朋友一样不错。 | 3 | 2 | 1 | 0 |
| 5 | 很难专注做自己的事。 | 0 | 1 | 2 | 3 |
| 6 | 感到胸闷抑郁。 | 0 | 1 | 2 | 3 |

续表

| 编号 | 描述 | 极少<br>（未满1天） | 偶尔<br>（1~2天） | 经常<br>（3~4天） | 非常<br>（5~7天） |
|---|---|---|---|---|---|
| 7 | 做任何事都很累。 | 0 | 1 | 2 | 3 |
| 8 | 感觉有好事要发生。 | 3 | 2 | 1 | 0 |
| 9 | 没有一件事情顺利解决。 | 0 | 1 | 2 | 3 |
| 10 | 感到恐惧。 | 0 | 1 | 2 | 3 |
| 11 | 睡眠状态不佳。 | 0 | 1 | 2 | 3 |
| 12 | 感到幸福。 | 3 | 2 | 1 | 0 |
| 13 | 话比以前少。 | 0 | 1 | 2 | 3 |
| 14 | 觉得自己很孤单，没有朋友。 | 0 | 1 | 2 | 3 |
| 15 | 朋友都不善待我，感觉他们讨厌和我一起玩。 | 0 | 1 | 2 | 3 |
| 16 | 度过一段快乐时光。 | 3 | 2 | 1 | 0 |
| 17 | 觉得想哭。 | 0 | 1 | 2 | 3 |
| 18 | 感到伤心。 | 0 | 1 | 2 | 3 |
| 19 | 仿佛大家都不喜欢我。 | 0 | 1 | 2 | 3 |
| 20 | 难以开始做一件事。 | 0 | 1 | 2 | 3 |

（CES-DC：Center for Epidemiological Studies-Depression Scale for Children）
评分方法：各项分数加总　　16分以上：轻度抑郁　　25分以上：中度抑郁

易罹患抑郁症的人有一些特征：太过在意周围人对自己的看法、听到别人批评自己的时候不会立即反驳、任何事情都想做到完美，以及不懂得拒绝他人。因此，如果孩子拥有上述性格特征，父母就需要在平时给予他充分的安慰与尊重。如果孩子未能在中学时期改善心理状态，那么等他上了大学，其心理问题就会变得更加严重。

据《首尔大学生福利现况与发展方案最终报告书》记录,首尔大学评委会研究团队于2018年6月18日至7月15日针对首尔大学的学生进行了一次"焦躁与抑郁程度"问卷调查,结果显示,在1760名被调查者中,有818名(46.5%)表示自己患有抑郁症。

研究团队通过24个问题分析判断他们的抑郁程度,结果显示,"轻度抑郁症"患者占29.4%,"中度抑郁症"患者占15%,"重度抑郁症"患者则占2.1%。其中,回答"想过要接受心理咨询"的学生超过半数,占比51.7%。

近年来,大学生抑郁症患者激增引起社会热议。韩国梨花女子大学心理咨询中心的外聘教授吴惠英,为了研究大学生的心理危机状态,调查了2600名韩国大学生。调查结果显示,43.2%的大学生出现过抑郁症状,74.5%的学生出现过焦虑症状,这些学生都应被归类于危险群体或潜在危险群体。她解释说,学业与就业压力越来越大是韩国大学生的心理危机状态日益严重的主要原因。

——摘自《每日经济》(2018.11.30)

以上报道表明,如今大学生的心理问题十分严重。因此,青少年父母应该保持警惕,时刻观察孩子的心理状态,这样才能在问题势态严重之前及时处理,最大限度守护孩子的心理健康。

**看懂校园霸凌的信号**

青少年的主要活动地点是学校,学校不仅是他们学习知识的地方,还是他们体验各种人际关系的场所。因此,如果孩子在学校遭受霸凌,就会对他的身心造成很大影响,然而很多父母只在意孩子的成绩,而忽略了孩子求助的信号。

遭受校园霸凌的受害学生通常不会向父母或老师求助,反而会找朋友倾诉或一个人闷在心里。这时候,父母需要细心观察,多加留意,一旦发现异常,一定要与孩子耐心沟通,了解真相。但也不能操之过急,要是穷追不舍地询问,孩子反倒会变得畏畏缩缩,不敢说出事情的原委。仓促处理只会让孩子更加痛苦,让事情变得更加复杂。所以,当发觉孩子有遭受校园霸凌的迹象后,父母一定要先冷静思考,以更加专业和妥善的方式应对,这样才能真正守护孩子的安全。

## 一

**被霸凌者的迹象**

**在家里**

- 突然讨厌上学,想要休学或转学。
- 学校用品或教科书经常不见或损毁。
- 书包或课本上出现各种涂鸦。
- 校服变脏或有撕裂的痕迹。
- 经常谈论其他同学被欺负的遭遇。
- 没有互相发信息聊天的朋友。
- 很少被邀请参加朋友的生日派对。
- 经常一接到朋友的电话就突然跑出去。
- 电话声一响就感到不安,不让别人接电话。
- 经常说自己把珍爱的物品借给朋友。
- 身上出现伤口或瘀青。
- 经常说自己头痛或肚子痛。
- 一回到家就疲倦地躺在床上。
- 容易被一点儿声音吓到,出现过度反应。
- 不愿起身做事,喜欢一个人待在房间。
- 回到家后说肚子饿,暴饮暴食。
- 个性内向羞怯,情绪焦躁。
- 突然说要学拳击或跆拳道。
- 经常回避父母的眼神。

- 放假不出门，在家沉迷于游戏。
- 频繁索要零花钱，偶尔还会偷父母的钱。
- 对报仇、杀人或刀枪话题感兴趣。
- 比以前更常生气和流泪。

**在学校**

- 无故旷课。
- 总有人传橡皮擦、卫生纸或小纸条给他。
- 霸凌小团体经常对着他露出奇怪的笑容。
- 总是弓背缩肩，好像很冷一样。
- 校服上有撕裂的痕迹，却说没事。
- 校服上被人涂鸦或写了粗俗不雅的文字。
- 异于平时上课的状态，不能专心听课或坐立难安。
- 教科书或文具用品经常不见。
- 经常因未准备上课用品而被老师责罚。
- 教科书、笔记本或书包上有很多涂鸦。
- 流鼻血或脸上有伤痕，问了却说没事。
- 时常静静发呆，或摆出深思的表情。
- 经常不吃午餐。
- 总是一个人吃饭，而且吃得很快。
- 不喜欢和朋友玩，常在教室里或和老师待在一起。
- 不喜欢待在自己的教室，喜欢去其他班级的教室游荡。
- 经常和朋友练习拳击或格斗。

- 几乎没什么要好的朋友，或只跟少数朋友在一起。
- 待在教室外的时间比教室内长。
- 经常迟到。
- 搭乘与家里方向不同的公交车。
- 比其他同学晚出学校。
- 学习成绩急速退步。
- 对学习的兴致越来越低。
- 不参加训练营、修学旅行或运动会等学校活动。
- 对一点儿小事出现过度敏感的反应。
- 经常显露出焦虑不安或恐惧的表情。
- 经常吞吞吐吐，似乎有话想说。

### 霸凌者的迹象

**在家里**
- 不常跟父母说话，脾气暴躁，行为叛逆。
- 拿着不曾买给他的高价物品，说是跟朋友借的。
- 重视朋友关系，经常和朋友玩到半夜，或者夜不归宿。
- 越来越隐瞒自己的事情。
- 开销大于家里给的零花钱。
- 偶尔有传闻说其殴打其他学生或虐待动物。
- 对于自己的问题行为有很多借口和理由，过分自信。

- 性子急，易冲动，容易产生攻击行为。

**在学校**

- 讨厌朋友们讨论自己。
- 老师提问的时候，叫其他同学代答。
- 经常挑战老师的权威。
- 对于自己的问题行为有很多借口和理由。
- 性子急，易冲动。
- 爱生气，容易产生攻击行为。
- 经常从同学那里索要贵重物品。
- 对自己拥有过分的自信心。
- 随身携带危险物品，如小型刀具等。
- 上下学都有人帮其背书包。
- 手或手臂经常出现绷带包扎。

如果孩子遭受了校园霸凌，父母应该耐心地与其沟通，了解事情的真相。然而有些父母在遇到这种事情时，容易被愤怒冲昏头脑，说起话来不假思索。

"你为什么像个傻瓜一样站在那里任人欺负？"
"这没什么，爸爸妈妈也是从小被打大的。"
"你也还手啊，不要只是被人欺负，要以牙还牙！"
"爸爸妈妈知道了，你就乖乖地什么都别做。"

"时间过去就没事了。"

"没朋友没关系，把书读好就行了。"

听到父母说这些话，孩子心里会有何感想呢？听到孩子被人欺负，做父母的一定都很气愤和伤心，可是，当事人心里会更加痛苦！所以父母应该帮助孩子平复糟糕的心情，而不是指责孩子或煽动孩子还手。父母应该告诉孩子，作为受害者的他没有错，自己永远站在他的身边，给予他鼓励与支持。这样说才能增加孩子的安全感。

"这段时间你受苦了。"

"爸爸妈妈永远会站在你的身边保护你，不会再让你受到伤害，别担心。"

"遇到这种事还能遵守自己的原则，你真的很坚强。"

"受人欺负不可耻，请求帮助是勇敢的表现。"

"我们一起讨论一下如何解决这件事吧！"

通常谈论校园霸凌的时候，父母都认为自己的孩子是受害者，但实际上，扮演霸凌者角色的孩子更多。因为在霸凌事件中，往往会有一名受害者与若干名霸凌者和旁观者。受害者可以向家人诉苦，但霸凌者由于害怕自己受到处罚，通常会隐瞒事实。孩子不会主动承认自己是霸凌者的事实，因此父母平时需要仔细观察上述霸凌者的迹象是否出现在孩子身上。

当青少年的霸凌行为变成社会问题时，最令人担忧的一点就是霸凌者不懂得反省自己的错误行为。根据韩国 2018 年第一次校园霸凌调查结果，小学生霸凌者欺负同学的理由以"对方先欺负我的"和"想跟他开玩笑"为最多；中学生以"想跟他开玩笑"为首，其次是"对他不满"和"对方先欺负我的"；高中生则以"对他不满"和"想跟他开玩笑"为最多，其次是"对方先欺负我的""没有特别的理由""其他朋友也这么做"和"解气或解压"。由此可见，孩子越大，其霸凌行为的性质越接近"无端暴力"。

但这并不代表他们不知道自己的行为有问题，只是他们的心理状态早已无法用道德和理性来判断霸凌的性质。长期积累的压力、埋怨和愤怒一起爆发，于是想借欺负弱小者来宣泄自己内心的痛苦。

万一自己的孩子是施暴者，大人要做的是鼓励他坦白自己犯下的错误，安抚他内心的不安，并让他心服口服地接受惩罚。父母应告知孩子自己会陪伴他一起承担责任，这样有助于孩子真心地认错和反省。

"你也很痛苦，对吧？原来你一直都以这样的心情生活，抱歉爸爸妈妈没能早点儿发现。"

"你是不是也感到很委屈？你不像是会无端做出这种事情的孩子。"

"犯错理应接受惩罚，爸爸妈妈会陪着你一起承担。"

这些话可以抚慰孩子叛逆的心,给予孩子走出困境的勇气。可是,霸凌者的父母时常会以错误的方式处理问题,从而使情况变得更加恶劣。例如害怕孩子会受到严惩,刻意忽视或粉饰孩子的错误,这样做反而会让孩子形成错误的价值观。因此,父母若发觉孩子存在霸凌行为,就必须帮助他深刻反省,让他真正地认识到自己的错误,诚心道歉,并虚心接受惩罚。

第三章

# 与青少年的沟通方式要不一样

# 孩子的
# 心理咨询师

**父母能成为孩子的心理咨询师吗?**

谁是孩子的心理咨询师?当正值青春期的少男少女们出现严重的心理问题时,他们会向谁求助?大人一般认为他们应当找父母或老师倾诉和商量解决问题的方法,可事实上很多孩子不会这么做。韩国政府机构发布的《2018年社会调查报告书》显示,在13岁以上的青少年中,倾诉对象为朋友或同学的占比为49.1%,倾诉对象为父母的占比为28.0%。由此可知,青少年出现烦恼或遇到困难的时候,一般不会跟父母倾诉,而找老师倾诉的青少年更是少之又少,仅占1.5%。另外,选择不向他人倾诉,独自解决问题的青少年占13.8%。有些孩子受到他人排挤或威胁,导致心理出现问题,他们虽然已经向父母或老师求助，却未能得到适当的帮助，走投无路的他们最后选择了轻生，这种令人痛心的案例层出不穷。难怪许多青少年会觉得跟大人诉说烦恼没有用。

况且，要孩子主动寻求专业的心理辅导更不可能。现在大部分中学设有心理辅导中心，可是很多孩子根本不知道心理辅导中心的职能，即使知道，也普遍认为去接受辅导的大多是有严重心理疾病的患者，因此内心非常抗拒去那里接受心理辅导。假如孩子对辅导中心的想法是"虽然听说过心理辅导中心，但我还是不知道那是什么地方""如果其他学生知道我去辅导中心，一定会认为我不正常"，那么大人再去纠结孩子为何出现心理问题不去辅导中心求助，就显得毫无意义了。因此，我们必须先了解青少年在遭遇困难时，不愿寻求父母、教师或心理咨询专家帮助的原因。

那么，谁应该先站出来改变孩子的想法呢？当然是父母或老师。虽然青少年受同龄朋友的影响甚深，但若放任一群心智尚未成熟的青少年一起做出事关重大的选择，实在有些危险。父母和老师不能因为管不住青少年就撒手不管，而应该制订策略，并真诚地告诉孩子，无论遇到什么困难都尽管说。有时候，父母会因为孩子叛逆或冷漠的态度而感到伤心难过，甚至有些父母会自暴自弃地说自己能做的都做了，可想而知父母的内心是非常受伤的。但我想这绝非父母的真心，他们只是因为太过疲累，需要暂时休息罢了。

其实，孩子并不是真的因讨厌大人而拒绝他们的帮助，他们只是希望大人能以他们可以接受的方式提供帮助。他们需要的不是大人的指责和批评，而是大人的安慰和鼓励。就像孩子刚学骑自行车的时候，爸爸妈妈要在后面紧紧抓住后座，给足他们安全感，直到他们能够自己踩着踏板向前奔驰，才会放手让他们奔向自己的世界。父母若能以这样的方式帮助孩子，就一定能叩开孩子的心扉，孩子自然也会愿意主动寻求父母的帮助。

**青少年的父母应扮演什么角色？**

婴儿时期，父母的角色是"保护者"；到了幼儿期，父母的角色应该是良好的"抚养者"和"教育者"；进入学龄期后，父母应该成为孩子的"鼓励者"和"支持者"；随着孩子的成长发育，父母除了鼓励和支持孩子，还需要成为孩子的"心理咨询师"；当孩子顺利度过青春期成为真正的大人时，父母的角色则是陪伴孩子一生的"朋友"。当孩子的保护者与抚养者不难，虽然喂养、穿衣、洗澡和哄睡等工作需要消耗大量的体力，但看着孩子一天天长大，父母可以充分地感受到成就感和满足感。教育孩子也不难，父母虽然偶尔会因孩子不听话而生气，但只要耐心地教育，就会有意想不到的收获。

进入校园后，孩子的变化越来越大，因此父母想要做好鼓励者和支持者的角色并不容易。课程越来越难，作业越来越多，外界都以孩子成绩的优劣来评价父母做得好与不好，于是父母背负的担子似乎又更重了一些。当然，有些家长依然能够做得很好，他们不拿自家孩子与别人家的孩子做比较，每天都和孩子度过愉快的亲子时光，并让孩子时不时地获得一些小小的成就感。能做到这些的父母都有个共同特征：他们尊重孩子与自己的不同，善于控制自己焦躁不安的情绪与贪欲。想要成为这样的父母并不简单，不过倘若父母能事先充分地了解自己和孩子，那么他们和孩子的相处和沟通就会变得非常融洽。想要培养一个独立自信的孩子，父母就必须要扮演好这些角色。

即使父母一直以来都能扮演好自己的角色，但青少年心理咨询师的角色对他们来说仍是很大的挑战。青春期是一个非常复杂的时期，想要和敏感叛逆的青少年相处融洽，父母不仅要小心谨慎，还要观察入微。父母如果既没有在以前的阶段扮演好自己的角色，又没有做任何准备，就不可能成为青少年的心理咨询师。我们站在孩子的立场想一下，如果父母没有尽到教育自己的职责，也没有成为自己的鼓励者和支持者，自己又怎能愿意跟他们讨论复杂的心理问题，允许其做自己的心理咨询师呢？即使父母充满斗志，想要做孩子的心理咨询师，但是倘若孩子不愿意接受他们，那么一切也是徒劳。我有时会对那些抱怨孩子什么话都不跟他们说的父母开玩笑说：

"搞不好你早就已经被孩子'解雇'了，却还自以为是地在他面前颐指气使。"

有些孩子进入小学后，便开始对妈妈说"不知道""就这样吧""我不要"以及"妈妈不用知道"等话语，这表示他不愿再跟妈妈沟通了。但许多妈妈对此不以为意。假如孩子经常说这样的话，父母就应该明白，当前的教育方式对他已经不适用了。试想一下，早已厌倦父母的教育方式，不再对父母抱有任何期望，认为无论自己说什么父母都只会我行我素，要让拥有这种想法的孩子对父母敞开心扉，会是件容易的事吗？

　　有些孩子甚至听到爸爸妈妈叫他的名字，都会感到反感。倘若孩子的心态变成这样，父母还有办法打开他们的心扉，和他们进行有意义的沟通吗？当然有办法，不过难度有点儿大。跟青春期的孩子沟通时，父母要展现出自己的诚意，哄骗或委婉表达是行不通的。青少年最讨厌伪装，因此和他们沟通时，父母应控制好自己的情绪，诚实地告诉孩子答应或拒绝他们的理由。或许有些父母会认为，这样做就是在孩子面前示弱，但既然想要和孩子谈心，父母就应该放下姿态，敞开心扉，这样孩子才会知无不言。若非真心，一切免谈。希望父母们能在本书中找到与孩子真诚沟通的合适而有效的方法。

# 和孩子进行一场
# 有效沟通

**寻找合适的沟通时机**

　　与处于青春期的孩子沟通的合适时机是什么时候呢？在考虑这个问题之前，父母应该首先考虑自己的说话态度和说话方式问题。如果态度恶劣，或者方式错误，那么再好的时机也是枉然。有些孩子和父母的关系紧张，连父母喊他吃饭都会感到烦躁，何况是责备和批评呢。还有一些父母明明看出孩子已经不耐烦了，却还一直对他唠叨，而不是等他冷静后再理性沟通。大部分父母可以理性地跟外人沟通交流，可一旦面对孩子，就无法理性应对。甚至当孩子明确地拒绝回应时，他们仍然穷追不舍地要求孩子回答。

　　当然，想和孩子进行一场有效的沟通，合适的沟通时机是不可或缺的。不要追着一个拖着疲惫的步子回家的孩子问:"今天认真学习没有?作业写完没有?"考试当天,由于身心的疲惫和考试的压力,孩子心浮气躁地进屋锁门,若父母此时还执意敲击孩子的房门,这对他来说就是一种折磨。那么,什么时候才是好时机呢?父母如果希望和孩子进行一场有效沟通,最好选择孩子心情愉悦的时候。我们将大部分父母跟孩子成功沟通的时机整理如下:

- 给孩子美味零食的时候
- 搞笑事情发生的时候
- 安慰孩子"很辛苦吧""很累吧"的时候
- 孩子成绩进步的时候
- 送孩子礼物的时候
- 允许孩子尽情玩游戏的时候
- 给孩子零花钱的时候
- 同意孩子邀请朋友来家里玩的时候
- 父母真诚认错的时候
- 孩子很累,父母给他请假的时候

父母一定要知道这些与孩子沟通的好时机,这对缓和亲子关系十分重要。父母如果想叮嘱孩子某些事情,就一定要找对时机进行沟通。有些父母虽然十分明理,但总是不合时宜地和孩子讲道理,怒气冲冲地逼着孩子回答问题,结果只会弄巧成

拙,不仅孩子没听进去道理,亲子关系也变得更加紧张。在此,我想对这些父母说:

> "现在不是与孩子沟通的好时机。父母首先应该认真检讨一下,自己为什么会忍不住发脾气。若总是怒气冲冲地和孩子沟通,到头来,只会让孩子和自己都感到痛苦,导致问题进一步恶化。"

父母首先要保持心平气和,这是沟通的前提条件。因为父母如果连自己的情绪都无法控制,又如何强求孩子做出改变呢?情绪激动地与孩子沟通,只会让孩子更加叛逆。青少年的父母要当好孩子的心理咨询师,而心理咨询师最基本的素养就是清空自己的思绪,保持平静。咨询师如果因个人问题而心乱如麻,那么就应该先平复自己的心情,再去接待患者。父母虽然不是专业的心理咨询师,但在和孩子沟通前,最好也先控制一下自己的情绪。

很多父母对孩子的事情会倾尽全力,甚至赴汤蹈火也在所不惜。可是,为什么在和孩子沟通时,却做不到心平气和这种小事呢?倘若真心为孩子着想,父母就应该放下自己的焦虑,等待合适的沟通时机。当父母尝试心平气和地与孩子沟通几次之后,孩子也会逐渐对父母敞开心扉。只要父母愿意跨出一小步,孩子就能往好的方向前进一大步。

## "吃饭""吃饭吧""饭做好了"的差异

父母跟青春期孩子说话时,虽然有些话的意思一样,但由于语气不同,在孩子听来就会有很大的差别。父母如果能意识到这些差异,就会知道如何与青少年沟通。

叫青少年吃饭的时候,该如何对他说呢?"吃饭""吃饭吧"和"饭做好了"这三者有何差异呢?如果以这三种方式叫孩子吃饭,孩子没什么特别反应或者只是反问:"今天的菜是什么?"那么我们大可不必在意这三者的差别。但如果妈妈叫孩子吃饭,他的反应是待在房间不出来,敷衍一句"我知道了,你放那儿吧"或者"我不吃",那么妈妈就要注意了。孩子的表现说明他拒绝与妈妈沟通,或正在等妈妈开启他想要聊的话题。妈妈面对孩子的这种反应,当然会感到生气。诚心诚意为他准备了一桌饭菜,却得到这种回应,能不生气吗?可是,孩子的内心正处于一种即将爆发的状态,不管是谁说什么,他都会爆发。当孩子有这种反应的时候,父母可以将其视为他发出的信号,是他在向父母表达"现在我的内心很痛苦"。因此,别太执着于纠正孩子的态度,稍微改变一下自己的说话方式吧!下面我们分析一下"吃饭""吃饭吧""饭做好了"这三句话传到孩子的耳中,其含义有何不同?

**吃饭** 命令句。即便说话的语气温和亲切,它仍然是指使他人的命令句。如果孩子早已厌倦妈妈的指示和命令,当听到妈妈说"吃饭"

的时候，他就一定会更加厌烦。父母要知道，孩子对指示或命令的语气是很敏感的。

**吃饭吧**　一起吃饭的意思。虽然语气柔和，但父母必须考虑自己与孩子的实际关系如何，是否能够其乐融融地坐在一起吃饭。假如孩子不愿意和父母一同坐下来吃饭，那么他听到这样的话肯定会感到厌烦，父母得到的回应也很可能是"等一下再吃"或者"不吃"。

**饭做好了**　这句话的意思是你可以自己选择什么时候吃。给孩子留出自主选择的权利，孩子的反应就会好很多。如果你正跟孩子处于冷战状态，那么你只需将孩子爱吃的饭菜放在餐桌上，留下一句"饭做好了"就可以了，之后你一定会有机会与孩子重新开启对话。

## 有助于亲子沟通的心理状态

决定沟通效果的最重要因素就是双方的心理状态。父母在与孩子开启对话之前，双方的心理状态就已决定这次对话的成败。双方的心理状态可分为四种情形：一是孩子心乱，父母心定；二是父母心乱，孩子心定；三是双方心乱；四是双方心定。

在哪种情形之下亲子沟通的效果最好呢？当然是在双方心定的情形下。因为只有双方都保持平稳的心情，话题才能得以延续。这时，双方都会面带微笑、心平气和地倾听对方。双方会有问有答，互相分享新信息，欣然接受对方的忠告和建议。

父母与青少年沟通的时候，有一个需要特别注意的事项：不光父母可以给孩子提建议，孩子也可以对父母提建议。孩子已经长大，已经具备了判断是非对错的能力，他们也希望父母可以改善自己的不足，例如希望父母能够跟上时代的步伐，穿着时髦；能够做好自我管理，让生活变得更美好等。若父母执意认为只有自己可以教导孩子，孩子无权要求父母，那沟通的结果只会是孩子越来越叛逆。因此，最好的沟通就是双方心平气和地分享彼此的观点，互相接受对方的意见。

有时候孩子情绪稳定，父母却心烦意乱。心烦的原因可能是听到别人家的孩子成绩很好，或是听到自家孩子的负面消息，抑或是因为自己工作和生活中遇到问题。不管是什么原因，父母如果心情不好，就不要与孩子沟通。否则，父母就会把气出在孩子身上。

相反，如果父母心情平静，孩子却心烦意乱，这时父母也不要和孩子沟通。请耐心地等孩子冷静下来再沟通，或者可以先帮助他放松心情，然后再与其沟通。不过，等待应该是最简单的方法，给孩子一天时间，他的心情自然会得以舒缓。父母若对孩子的情绪不闻不问，只是一味地强迫他与自己沟通，亲子关系就会更加恶化。

倘若双方的心情都不好，在这种情况之下进行沟通，结局常常是吵起来。事实上，这个时候最需要的是理解、安慰、疗愈和休息，而且最好是父母这一方主动作为，如主动对孩子表示冷静后再谈,或者主动播放轻音乐,双方安静地聆听音乐沉淀心情。如果父母平常和孩子的关系不错,孩子可能会先主动安慰父母:"妈妈很辛苦吧?"假如亲子之间很少有这种经验,不妨从现在开始,自己先以身作则安慰孩子。慢慢地,孩子也会学习你的态度,在未来以同样的方式对待你。

所以,当双方的情绪都不稳定时,父母最好别急于沟通,拍拍孩子的肩膀,和他一起享受一顿美食,或者和他听听音乐、看看电影。等到双方心情都恢复平静后再重新沟通,这看似绕了远路,其实是一种更加睿智的方式。

**与青少年沟通的顺序**

父母与青少年沟通时,除了要选择合适的沟通时机,还要遵循一定的沟通顺序。

其实,我们每一个人都知道沟通的大致顺序。当我们有事情需要与别人沟通的时候,我们首先要提前和对方约定好沟通时间,等见了面,彼此问候这段时间过得如何,然后再和对方展开具体话题。即使双方在沟通过程中产生分歧,成熟的大人也知道如何维持局面,而不会突然拍桌子走人。最后,大家把自己该说的话说完之后,互相道别各自离开。这就是成年人之间的沟通顺序。

那你知道与青少年沟通的顺序是什么吗?我问过很多位青

少年的父母，他们的回答竟然出奇地一致："我没想过顺序这回事。""不是有话直说吗？"大部分父母这么想，难怪他们会觉得与青少年沟通存在困难。更令人奇怪的是，不少在职场中很擅长沟通的人一站在子女面前，仿佛变了个人，他们的沟通能力突然全部消失了。他们可能觉得孩子的年纪还小，所以不用在意沟通方式；他们可能认为无论父母说什么，孩子都应该接受；也有可能是他们和自己的孩子关系疏远，反正怎么说都挽回不了彼此的关系，于是就自暴自弃，毫无顾忌。

你如果不想放弃这段亲子关系，你如果希望能和孩子心平气和地聊一聊，那么就需要知道与青少年沟通的大致顺序。父母要意识到，用对待儿童的方法来和青少年沟通是行不通的，面对青少年，他们需要一套特殊的沟通方法。我根据自己多年的家庭教育经验和心理咨询实践，总结出一套专门与青少年沟通的方法。这套沟通方法可以分为 5 个阶段。虽然每个孩子的心理状态各不相同，我们无法确认孩子会在哪一个阶段出现正面反馈，但可以肯定的是，父母一定能在其中的某个阶段和孩子心灵契合，产生共情。

- 第一阶段：停止
- 第二阶段：一起笑
- 第三阶段：相信、认同、感谢
- 第四阶段：发掘孩子的积极意识
- 第五阶段：培养认知乐趣

与青少年共情的五阶段沟通法 ①
# 停止

## 停止的理由

"拜托什么话都别说!妈妈你不要自以为是,说这都是为了我好!"

父母好不容易调整心情,打算与孩子重新开始,可孩子却一点儿也不愿亲近父母,只是希望父母什么事都别管。面对一个要求父母不要管他的孩子,我希望父母不要这样辩驳:"身为你的爸妈,我们怎么可能什么事都不做!"事实上,父母自以为是的爱,在孩子的心里却无异于压榨。孩子讨厌说话前后矛盾的父母。我问过不少长期痛苦的孩子同一个问题:"你希望妈妈怎么做?"得到的答案大多是"希望妈妈什么事都别管"。换句话说,在孩子眼中,妈妈只需要按时给零花钱和准备三餐就行了。这听起来很悲哀,但我们如果站在孩子的角度思考,或许就能理解了。通过下面这位孩子说的话,大家便可理解孩子们的心境。

> 妈妈越来越爱对我唠叨,我简直痛不欲生,甚至出现了自虐的倾向。我只有大声尖叫、用头撞墙或乱挥拳头,妈妈才会停止唠叨。我怕再这样下去,我真的会自残。我真的不知道该怎么办。
>
> ——某高二男生

我并没有要故意吓唬各位父母,虽然不是所有孩子的问题都如此严重,但是大部分孩子在讲述自己的经历时,会透露他们曾感到绝望。因此,无论如何,父母必须先停止那些刺激孩子产生负面情绪的行为。父母如果无法停止批评和唠叨,或努力试过仍做不到,那就不妨先将视线转向自己,扪心自问,是什么原因导致自己无法控制心中的怒火。

> "为什么我会对这种小事生气?"
> "明明知道孩子讨厌唠叨和责骂,我怎么就控制不了自己?明明知道责骂孩子也改变不了什么,只会让自己和孩子的压力更大,但就是停止不了,为什么?"

一位被孩子气得快要"爆炸"的妈妈患有严重的压力性胃炎。肠胃由人类大脑主管情感调节的自律神经支配,被称为人的第二个大脑。由此可见,肠胃功能易受大脑的影响。这位妈妈每次对孩子发完脾气,都会胸口疼痛或者胃脘胀满,甚至消化不良。那为何不停止发怒呢?她回答说:"因为实在看不惯孩子的一举一动。"但这并不是真正的原因。与这位妈妈聊了几次后,我发现她总说孩子跟她年幼不知上进的样子一模一样,自己实在忍不住发火。由此可知,这位妈妈生气的根源在于自己,而并非孩子。孩子跟以前的自己太过相似,她生怕孩子长大后会像自己一样后悔,因此才不由自主地想要责骂孩子。当这位妈妈领悟到这些之后,她就再也不乱生气了,胃病也自然而然地好转了。

有一个男生自从遭受校园霸凌后,便不愿再去上学了。原本他的学习成绩很好,父母自然也对他抱有很高的期望,可是孩子不愿去上学的态度十分坚决,父母实在没有办法,只好答应了他的要求:"你要是实在不想去上学,那就先不去吧。"但没过几天,孩子反而发起了牢骚:

"说好不去上学也没关系的,但每次我稍微休息一会儿,妈妈就指责我:'怎么又休息?不是刚休息过吗?其他孩子都在补习班和学校用功学习呢……'前段日子我实在太痛苦了,这才想要一边休息一边学习。既然妈妈这样说,我便跟她说我要去上学,但妈妈仍然喋喋不休,说我三天打鱼两天晒网。她到底想要我怎么做啊？"

显而易见，父母的行为非常矛盾，但言行不一就是不对的行为。父母虽然表面上接受了孩子的请求，但是其内心深处却接受不了，因此只好通过对孩子的唠叨和责备来发泄自己的情绪。其实，当孩子的情况越来越糟时，父母需要做的第一步就是"停止做任何事"。

停下来，才能看见转机。第一阶段的停止是指父母要停止内心的贪欲，停止内心的焦虑不安，停止折磨孩子。这三者形成恶性循环的三角关系，如果想要改为良性循环，首先要做的就是停止继续做下去。有舍才有得，停止是非常重要的一步。每次我建议父母先停止既有的教育方式，大部分父母只想到停止责骂孩子，但真正的停止不止于此，而是需要停止所有影响孩子情绪的言行。

温柔亲切地说话跟良好的沟通是两回事。有时候，虽然父母控制住了自己的脾气，但其说话的内容却会让孩子感到生气。某位女高中生分享了一段她与妈妈的对话，最后愤愤不平地对我说："您觉得这样下去我还想跟妈妈聊吗？"

"你是想洗碗，还是想用吸尘器清理地板？"
"我要清理地板。"
"你每次清理地板，角落里都弄不干净，还是去洗碗吧！冲洗的时候，记得冲干净。"

孩子很生气，用眼睛瞪着妈妈，但妈妈没看到她的表情。在这个例子中，妈妈既没有生气，也没有责骂孩子，但孩子却非常恼火，心想："既然都要按照你的意思去做，干吗还要问我呢？"因此，父母不仅要停止责骂孩子，而且要停止所有让孩子感到郁闷、生气、伤心和痛苦的举动。

当然，这种要求对父母来说并非易事。因此，我建议父母可以尝试在一个月内，除孩子的衣食住行等基本生活外，其余事情都"不帮助"和"不要求"孩子做。比如做好饭之后，淡淡地说一句"饭菜放桌子上了，冰箱里有零食"就行了。总之，就是尽量简化父母的职责，其余的时间用来照顾自己。刚开始，孩子会觉得自己终于获得了自由，整天看电视、睡觉或打游戏，这时父母什么也别说，看看随后会发生什么事吧！

## 父母停止做任何事，孩子却出现惊人的变化

高中二年级的成勋经常发脾气，且不爱学习，好在天性善良，没出现什么问题，但父母对他不爱学习的行为非常不满，尤其是妈妈。她觉得和别人家的孩子相比，自己的儿子太没出息了。因此，妈妈与成勋之间的关系差到了极点。

后来，妈妈好不容易说服成勋，带他来到我的心理咨询室接受心理测验。成勋是一个优点非常多的孩子。他性格开朗活泼，待人热情亲切，社交能力非常出色。他的幽默感很好，才

思敏捷，很会说话，身边的朋友非常多，老师也很喜欢他。他唯一的问题就是不爱学习，上学就是为了跟朋友玩。不过，成勋看似是一个无欲无求的孩子，其实他内心的竞争欲望十分强烈，如果遇到自己喜欢的事，他就会动力十足。

  成勋不喜欢阅读理论书籍，而比较偏爱实操类课程。他不擅长理性分析，而是喜欢依靠自己的感性做决定，而且他能够随机应变，处理事情的速度也相当快。对自己感兴趣的事他会尽力而为，而讨厌一成不变的日常琐事。他希望发挥自己的能力，渴望过无拘无束的生活。

  总而言之，成勋拥有非常卓越的才能，可是无法适应韩国学校的学习模式。他不愿让妈妈失望，于是强迫自己适应学校的生活，但这种强迫带来的压力渐渐使他疲惫不堪，因此他不愿再接受父母的任何强求。面对这样的孩子，心理咨询不一定是最有效的方法，因为心理咨询需要待在咨询室内，通过沟通解决问题，而成勋显然不喜欢这么做。于是，我制订了一份可以帮助他了解自己的咨询计划，进而让他找到解救自己的方法。

  我给成勋父母下达的任务也非常简单。我根据孩子的个性制订了一个百日计划，并要求他们不管多难，都一定要至少坚持 100 天。

- 强制孩子去的地方仅限于学校。
- 停止所有孩子不愿意做的事情。

- 只要能保证自身安全，孩子的事情就尽量让他自己去做。
- 每天称赞孩子 3 次。

成勋完成职业能力倾向测验后，我给他的父母分析了孩子的心理特征、兴趣爱好等，以增加父母对他的了解。两个月后，成勋妈妈笑着对我说：

"停止所有孩子不愿意做的事情，这个方法太好了，我没想到它的效果会如此惊人。"

如今，成勋不仅能够开开心心地去上学，而且他和妈妈的关系也变好了，时光仿佛一下子回到亲子一起欢笑玩闹的幼儿园时期。成勋是一个爱运动的孩子，于是父母帮他积极打探运动方面的出路，并根据他的意愿，帮助他进入了专业运动领域。同时，他也主动开始学习各门功课。

为什么孩子会有如此巨大的变化？父母不对孩子唠叨不代表他们不关心孩子，而是说明他们可以和孩子平等沟通，不伤害孩子的感情，尊重并接受孩子的意见。在百日计划期间，成勋妈妈经常对成勋说：

"你想怎么学数学？"

"你想休息就好好休息，等想做的时候再做吧！"

"啊，原来你是这么想的。好，我知道了。"

"万一妈妈开始唠叨,记得提醒我,因为妈妈可能会不自觉地唠叨起来。"

当然,这些并不容易做到。成勋妈妈曾笑着自嘲道:"我都快成'得道高僧'了!"不过,当外界的压力消失后,孩子就能真正地学会自律。因为人在没有压迫感的时候,自然而然就会想去做些什么,这是人类与生俱来的本能。所以,父母请不要怀疑孩子,只要给予他适当的自由,他自然就会去探索自己喜欢的事物。当看见孩子的点滴变化时,父母要做的就是继续支持与鼓励他。父母唯一要坚守的原则就是,孩子想做的事情必须是对自己和他人有益的。

成勋妈妈说,当看到孩子开始一点点改变的时候,她的内心会不由自主地产生贪念,希望孩子能更努力一点儿。可是她知道,这样会适得其反。由于看到妈妈的改变,成勋也开始慢慢地亲近妈妈。仿佛一切都回到了小时候,如今他会跟妈妈撒娇,还会主动帮助妈妈洗碗。

孩子的人生主角是他自己,父母应与孩子保持一定的安全距离,从旁协助他追求自己的生活。

不是每个孩子都能像成勋这样,在短时间内就出现这么大的变化。不过,只要愿意跨出这一步,就有机会改变。话说回来,成勋妈妈为什么能够成功控制自己的脾气呢?因为我曾向她说过很多次唠叨对孩子的负面影响,所以她每次想唠叨的时候,便会想起我说的话,于是就会竭力地控制自己。天下父母都希望能给孩子最好的生活，可现实的情况却是，他们总在不断对孩子的心理和精神施压。身为父母的你如果总是忍不住对孩子唠叨，那就不妨先了解一下唠叨给孩子带来的不良影响。

**唠叨对孩子造成的负面影响**

孩子在很小的时候，父母自然不能对他放任不管，而是需要时刻"监控"着他的生活。等到孩子稍大一点儿，进入小学之后，父母开始忙着监督和指导孩子写作业。殊不知在孩子看来，这仍属于"监控"，只是换了一种方式而已。

站在孩子的角度考虑，24小时的行为举止全都在妈妈的监控与指使之下完成，有谁会不想逃离呢？孩子肯定会在心里默想："这样的生活到底还要持续多久？"假如孩子看起来疲倦不堪、缺乏活力，父母就需要去了解其中的原因。优秀的父母至少要在孩子辛苦的时候，懂得让他们休息，以恢复体力。

孩子们讨厌父母的指使与唠叨，他们整日叫苦不迭，绝非凭空捏造，也绝非因为他们的意志薄弱。2015年，美国匹兹堡大学医学院、加利福尼亚大学伯克利分校和哈佛大学共同组成的研究团队，针对32名9至17岁（平均年龄14岁）的青少年进行了一项实验：他们给每位受试者播放30秒自己父母唠叨的声音，并测试其大脑的活跃度。结果显示，父母的唠叨会明显妨碍孩子的理性思考。当受试者听到父母的唠叨声时，其大脑中负责负面情感的区域的活跃度提升，而负责理性分析的区域的活跃度下降。说得通俗一点儿，即孩子在听到唠叨后会主动屏蔽父母的声音，拒绝理解父母，并产生负面情绪，所以孩子很容易意气用事。研究团队表示："此结果解释了青少年与父母发生冲突的生理原因。若父母能明白其中的道理，改变与孩子的相处模式，将有助于孩子的行为发展。"

根据脑科学理论，孩子从青少年时期开始发展出独立心理，为成为大人做准备。青少年时期之所以重要，主要是因为这一时期孩子的大脑具有极强的可塑性。大脑的功能会用进废退：持续使用的大脑功能会保留下来，并且越来越活跃；反之，不经常使用的大脑功能将会逐渐退化，甚至消失。因此，如果在这一时期，孩子努力学习，爱好广泛，与朋友建立健康的关系，其大脑的相应功能就能得到良好的发展；相反，如果孩子经常发脾气或做出叛逆的行为，其大脑的功能就会朝着不良的方向演变。因此，青少年时期的经验和教训对孩子未来的人生来说至关重要。请问，现在你的行为对孩子的大脑发育起到正面还是负面的影响呢？

父母一旦认识到唠叨对青少年带来的负面影响，就会更容易停止现在的亲子相处模式。当然，父母刚开始一定会感到焦躁不安，不过只要父母迈出第一步，停止唠叨和管控，孩子就有可能像成勋那样产生不可思议的变化。因为父母一旦抛弃错误的养育模式，并停止伤害孩子，孩子就不会再担心被父母责骂，从而更愿意敞开心扉亲近父母。如果一家人能够其乐融融地度过一段美好的时光,那么亲子之间的隔阂自然就会烟消云散。

父母可以参考一下调节注意力与提升专注力的一种心理方法——"停止与思考"(Stop & Thinking),即行动前,先停下来思考。当忍不住想要教训孩子的时候,父母请先停止大脑中的负面想法,预想和练习一下自己要跟孩子说什么,然后再去找他谈。在这个过程中,父母要先思考现在的问题是什么,提前制订各种解决方法,并预测每种解决方法的效果,最后选择预想效果最好的那个方法。父母如果能够做到"停止与思考",就一定可以和孩子沟通顺畅。所以,父母请先做到第一阶段"停止",并观察孩子的反应。

等做到一两次的"停止"之后,再往第二阶段"一起笑"过渡。父母如果连第一阶段都做不到,自然就很难继续向第二阶段推进,因为一句唠叨可能会抹杀千百次的微笑。为什么父母与青少年沟通时要注重微笑?这看似有些奇怪,但自有其道理。让我们继续看下去吧!

与青少年共情的五阶段沟通法②
# 一起笑

**青少年的笑容**

"请问您最近一个月和孩子一起大声欢笑是在什么时候?"

我对每一位前来咨询的家长都会提出这个问题。一般来说,学龄前儿童的父母可以轻而易举地回答出今天和孩子一起欢笑的情景,小学生家长也能勉强说出最近一次跟孩子欢笑的场面,但中学生的家长回答起来就有些为难了。

"这个嘛,好像没有啊!我不记得自己最近和孩子一起欢笑过,因为我几乎没什么时间跟孩子一起玩。"

青少年的心理变化往往伴随着笑容的消失，这种说法并非危言耸听。一个开朗爱笑的孩子突然变得烦躁易怒，就表明他的心理发生了变化，但是父母往往意识不到孩子心情转变背后的意义。当一个情绪低落的孩子对父母说"不要惹我生气"时，或许父母根本不会去思考孩子情绪低落的缘由，而是会无端花费一大笔费用在其他方面去讨孩子的欢心。前来接受心理咨询的孩子，他们最大的共同之处就是脸上缺乏笑容。

当然，也有一部分青少年的父母拥有和孩子一起欢笑的经历，比如当他们决定给予期末考试成绩不错的孩子物质奖励时。为爱设立条件并非好的做法，但是不少父母为了与孩子维持良好的关系，通常会采取条件交换的方式，例如当孩子取得不错的成绩时，他们就会送给孩子礼物。虽然得到奖赏时，孩子会获得暂时的愉悦，可是当孩子成绩退步，他也会受到相应的心理惩罚。这样的桥段反复上演，孩子脸上的笑容就会渐渐消失。不过，这样做的唯一优点就是，至少在孩子考得好的时候，亲子之间仍然拥有欢笑的时光。不过这种笑容与孩子幼年时的笑容不同，仔细观察就会发现，与其说这是父母和青少年一起欢笑，不如说双方只是因同一件事情同时发笑而已。同时发笑跟一起会心而笑是不同的，因共同观看电视综艺节目而同时大笑，这不叫一起笑；彼此笑着进行眼神交流或身体接触，这才叫一起笑。

据有关研究人员统计，儿童一天平均会笑400~500次，大人平均一天会笑10~15次。心理健康的孩子一天的确会笑很多次，因此笑容可以作为判断孩子心理状况的一种指标。一般来说，心理状况不佳的青少年不爱笑，虽然有时他们也会笑得很开心，但细细观察，我们就会发现这些笑容或是为了掩饰内心的不安，或是为了自我解嘲，抑或是为了发泄心中的恶意。总之，撇开特殊案例，内心感到不安、忧郁、无助的孩子，他们的共通点之一就是不爱笑。

　　孩子脸上的笑容消失主要与其心理问题有关，而这些问题大多源自人际关系。孩子小的时候，问题往往出在孩子和妈妈的依恋关系上；孩子稍大一点儿，则会因朋友关系而产生心理问题。当人际关系出现问题的时候，孩子最典型的症状就是笑容的消失。因此，孩子不爱笑说明他的内心正处于一种非常艰难的状态。

　　反之，孩子的脸上浮现笑容则是其心理问题得到修复的迹象。以心理咨询为例，孩子刚开始接受心理咨询时，通常会感到紧张不安，眼神飘移不定。不过，随着时间的推移，他会慢慢地露出笑容，谈话的氛围也会变得轻松愉悦，有时一点点小确幸便能让他开怀大笑。其实，在进行青少年心理咨询的过程里，最让我感到放心的时刻就是孩子开怀大笑的时候。因为只要看到孩子灿烂的笑容，我就知道这次心理咨询的效果很不错。

## 笑容带来的效果

"好久没有放声大笑了，大笑之后心情好多了。不管怎样，事情总会过去，再用其他办法试试看吧。就算真的不行，也没什么损失，大不了就休学呗，我想开了。"

一名问题不断、内心痛苦的青少年曾这样对我说。当他解开自己的心结，明白自己想要的是什么之后，他的笑容变得越来越频繁。他还感慨说："很奇怪，以前我只要讲一些认真的话题就会满脑子担忧，现在我竟然可以笑着谈论这些了。这是什么神奇的魔法吗？"

美国南加利福尼亚大学的神经科学家安东尼奥·达马西奥（Antonio Damasio）说："人在处于愉悦状态的时候，会感到幸福和充满活力，其创造力、自律能力和信息处理能力都会快速提升，身体状况也会随之变好。"只是陪孩子一起笑，就有这么多好处。除此之外，心情愉悦的人还能客观地分析自身情况，并能够在无人帮忙的情况下制订自我改善的方案。

根据美国印第安纳州立大学鲍尔纪念医院（IU Health Ball Memorial Hospital）研究人员的研究结果，每天大笑15秒，寿命会增加。微笑可以提升头脑的敏锐程度，增强记忆力，还可以提升身体对病毒的抵抗力，有效预防流感。除此之外，微笑还能促进大脑额叶的活跃度。微笑疗法创始人兼临床心理学家史蒂文·威尔逊（Steven Wilson）说，通过微笑，我们不仅能够获得新的驱动力和正能量，而且能够减少心理压力，大幅缓解紧张、激动、恐惧、抵抗、愤怒等情绪。

孩子在紧张的亲子关系中慢慢失去了天真烂漫的笑容，这逐渐影响了其与同学之间的关系，更阻碍了其自信心和自尊心的发展。可以说，中学生之间发生的大大小小的争吵，以及由此而衍生的校园暴力，究其根源，都是因为教室里的孩子失去了应有的笑容。

### 父母开朗的态度有助于青少年微笑

我们认为，有两项重要因素能够帮助青少年展露笑容，即父母的"开朗态度"和"认知乐趣"。心理敏感的孩子更需要父母开朗乐观的态度。

《照顾孩子的有效策略》的作者丹尼尔·A. 休斯（Daniel A. Hughes）表示，治疗师应该具备的 4 种基本态度为开朗、接受、好奇与共情，治疗师应以这 4 种态度来进行咨询和治疗，赋予孩子安全感，鼓励孩子将自己的想法和情感表达出来。虽然书上说的是治疗师的态度，但这同样也是父母应该采取的态度。《约翰·鲍比和依恋理论》（John Bowlby and Attachment Theory）的作者杰里米·霍姆斯（Jeremy Holmes）表示："一位优秀的治疗师对患者做的事情，与一对优秀父母对子女做的事情是相同的。"因此，一位优秀的治疗师是把原先从"父母角色"中总结出来的治疗方法，再重新套用回"父母角色"身上，以帮助父母改善和孩子之间的关系。

在接触过各种类型的青少年后，我发现在与青少年沟通的过程中，他们的心情是否愉悦这一点非常重要。心理咨询师真挚而明朗的微笑可以有效稳定他们的情绪，取得他们的信任，让他们愿意敞开心扉谈论自己的故事。大人以开朗的态度接近孩子，可以让孩子变得安心、愉悦，他们也会对大人的友好行为产生心理期待。另外，如果心理咨询师说话的声音和表情是开朗的，他们就会认为这样的咨询过程是有趣而且喜人的。这种感觉可以让他们的身心完全放松下来。如果一段人际关系的发展是令人愉悦的，那么双方就会彼此建立信任感，即使沟通过程中两人产生矛盾，也会很快化干戈为玉帛；即使一方犯了错或出现失误，也不会伤害彼此的关系。而且，他们还能在此过程中学到积极的人生态度，促进心理健康成长。

愉悦的气氛源自笑声。那么，父母该如何诱导孩子发笑呢？擅长逗孩子笑的父母有一个特征，那就是他们都能利用不起眼的事情制造笑料，例如学一些大家都知道的流行语、歌词或模仿搞笑艺人的肢体动作等。妈妈穿上女儿的衣服说："你看，妈妈这样穿好看吗？"或者爸爸戴上儿子的帽子说："很适合爸爸吧？"看到父母滑稽的样子，孩子就会笑着说："天啊，太奇怪了。一点儿都不合适！"总之，这样的父母会放下大人的架子，与孩子打成一片。

美国马里兰大学的神经科学家罗伯特·普罗文（Robert R.

Provine)在其著作《笑容的科学探究》(Laughter : A Scientific Investigation)中表示,笑容不仅是因幽默而产生的生理反应,也是促使人际关系更加和谐的社会信号。他以心理学系的一些学生为对象进行了一项实验,旨在观察他们独自观看和多人一起观看综艺节目或喜剧电影的发笑次数之差别。实验结果显示,大家一起看电影发笑的次数要比独自看电影发笑的次数大约增加了30倍。同一部喜剧电影,他们独自观赏的时候顶多嘴角上扬,即便不自觉地笑了,可一旦发现周边没有其他人,脸上的笑容也会瞬间消失。

另外,他还在学校广场和周围街道先后与1200多人聊天,并分析与这些人聊天的内容,最终发现了几个很有趣的现象。比如人们最常在说一般性问候语(如"最近过得好吗?""很高兴见到你!")的时候露出笑容。另外,他还分析了哪些谈话内容最能引发双方大笑,最后发现那些最能引发欢笑的内容都是非常稀松平常的话题。

因此,父母与孩子沟通时,不需要处心积虑地设计段子,只需聊一些平常的话题,彼此就可以开怀大笑。可能有人会质疑说,看见刚从学校回家的孩子,问他今天在学校做了什么,孩子能露出笑容吗?或许不能,但我们只要稍微换一种轻松的方式,就能引发孩子的笑声。很多时候,能引发孩子笑声的往往是那些再普通不过的日常话题。

譬如父母可以用久别重逢的夸张表情,迎接从学校回到家的孩子,或者看着吃饭的孩子,称赞他吃得津津有味等。我们只要用心增进与孩子的关系,定会引发更多的欢笑,而这些笑容带来的"魔力"是多少金钱都无法买到的。请送给孩子一个笑容作为礼物吧!从现在开始跟孩子一起大声欢笑吧!虽然孩子大了,这样做父母会觉得有一点儿难为情,但如果能够让孩子健康快乐地成长,这点儿"牺牲"又算得了什么呢!

父母如果觉得上面介绍的方法自己实行起来会感到尴尬,那就可以拿出孩子小时候的照片,与他一边欣赏一边回忆。和孩子一起看他昔日稚嫩可爱的模样,孩子会不自觉地卸下心理防备。

青少年最渴望与父母一起笑着度过幸福时光。能够享受美好家庭时光的孩子到了学校,也会充分享受在学校的学习时光。如果父母经常和孩子分享积极的想法,孩子在学校就能展现出更好的创意。父母一句温馨的话语就可以让孩子度过美好的一天,而沐浴在父母关爱之中的孩子自然懂得跟朋友一起分享爱意。

如果希望孩子拥有一段美好的青春期,父母又何必时刻端着大人的架子呢?虽然和孩子打打闹闹会失去父母自以为是的"威严",但只要能让彼此的心灵相通,又有什么关系呢?

与青少年共情的五阶段沟通法③

# 相信、认同、感谢

**不守信用的初二学生**

初二学生泰民和妈妈约好在睡觉之前拟定下个月的学习计划。他每日就寝时间是晚上 11 点半,但过了 10 点,泰民不仅没有开始写学习计划,反而还在跟朋友热火朝天地"煲电话粥"。看到他 11 点 25 分还没有挂电话,妈妈的怒火直冲头顶,于是直接闯入孩子房间。看到妈妈生气的样子,泰民赶紧说:

"我妈生气了,我先挂了。妈,我现在就写。"

妈妈沉默不语,安静地关门走出房间。她其实很想教训儿子一顿,但她知道说了也没用,于是决定放过他这一次。20

分钟后，孩子将学习计划交给她，但她知道儿子是在敷衍了事，她如果现在打开来看，一定还会发火，就决定明早起床后再看。

第二天早晨，妈妈用低沉的声音叫醒泰民，他一听到便立刻起床。准备早餐的时候，妈妈依然咬牙切齿，表情严肃，泰民一看就知道她正在生气，于是赶紧收拾好书包，准备出门上学。妈妈看到孩子的反应，知道他有自知之明，心情稍微好了一点儿，决定等他放学回家再好好跟他聊聊。"要怎么跟孩子说，他才会认真地对待制订学习计划这件事呢？"妈妈在心里盘算起来。于是，在泰民放学回家后，她准备了一些零食，然后开口对他说：

"你觉得自己的学习计划写得怎么样？"

"昨天好像写得太草率了，今天吃完零食后我重新写。妈妈，昨天抱歉。"

"嗯，谢谢你。妈妈昨天等你等得很辛苦，也很生气，但还是忍住不对你发脾气，妈妈真的很累。"

"对不起，我不知道时间过得那么快。"

"我知道你其实不想写，辛苦你了。"

"不过，妈妈，写学习计划的时候，真的可以只写我做得到的部分吗？"

"为什么这么问？妈妈说过，计划就是要写你能做得到的事情啊！"

"不是，我怕老老实实地写，妈妈又会生气。"

"不会啦!对你来说,制订一个符合自己能力的计划是最重要的。诚实地写,妈妈不会生气的。"

"真的?那我重写,去补习班之前就给您。"

那天泰民十分认真地写完了学习计划。妈妈很感谢孩子愿意在计划中约定 3 天玩一次电脑,制订的学习量和学习目标也是他力所能及的。虽然没有达到她的预期,但孩子能做到这种程度,也算是好的开始。这次妈妈看到计划后,还是先问孩子的意见:

"你觉得自己写得如何?"

"我觉得还可以,妈妈觉得呢?"

"妈妈也觉得很不错。你如果执行起来觉得太累,可以重新调整。制订计划的目的是能够顺利实施,先实施一个星期,再重新评估吧!"

"好,不过我写的都是自己能够做到的。"

"妈妈知道,辛苦你了。"

耗费两天时间,泰民终于完成了自己的学习计划,而且在学习计划拟定后的一周内,他十分认真地执行了这份计划。一个星期的成功当然不能令妈妈满足,但从那以后,遇到泰民未按照计划学习的情况,她既不打他也不骂他,而是耐心地询问他是不是计划制订得不合理,劝导他将计划修正到自己力所能及的范围内。每当泰民按时执行了学习计划,妈妈都会对他的努力给予认可,并向他表达感谢。渐渐地,泰民开始主动拟定学习计划,并累积了不少制订计划的经验。

升上初三后,泰民变得更加游刃有余,懂得随机应变地增删计划,他每天都知道自己该做什么事,并努力将其做好。更令人惊喜的是,妈妈和泰民的关系也有了巨大的改善,他们一起欢笑的次数越来越多了,两人还经常互相开开玩笑。妈妈很喜欢儿子如今的状态,两人一起上街时经常有说有笑,感觉很幸福。当她听到有些家长说跟青少年讲一两句话就很累时,她甚至觉得这是一种偏见。

不少父母听了泰民的故事,第一反应就是"这个孩子真善良"。难道孩子发生这样的变化,只是因为他善良吗?这是他发生变化的关键吗?很多父母在评价孩子的时候,经常会出现一种特别有趣的现象,那就是总认为别人家的孩子更优秀。如果别人家的孩子按时完成计划,他们就称赞他很厉害;若是自家孩子按时完成计划,他们则说这是应该的。明明有机会改善自己与孩子之间的关系,他们却不懂得把握。为什么这些父母不能对自己的孩子温柔和公正一些呢?

连续一周按时完成计划并不容易,只有及时地肯定孩子的成绩,他才有继续努力的动力。如果你觉得这一切都是因为泰民乖巧善良,能够立刻改正自己的问题,那你就需要听一听他妈妈的话:

"我的性格有些急躁,脾气也很火爆,以前每次孩子跟朋友打电话,我等不了几分钟就会敲门进屋。但孩子上了初中以后,我觉得需要改变一下自己的态度,因此自学了一些关于家庭教育的课程。我知道,如果不能改掉自己这种不信任孩子的心态,我就无法培养他独立思考与制订计划的能力。

"那天,我真的忍了很久,大概有一小时吧!当他把学习计划交给我的时候,我仍然十分生气,还好我当时控制住了自己的脾气。没想到我的信任和认可,居然给他带来这么大的变化。"

或许泰民之所以跟朋友聊那么久,就是因为他觉得妈妈一定会敲门进来阻止,等到那时再挂电话也不迟,既然妈妈还没敲门进来,那就继续通话吧。因为到目前为止,这是妈妈与他之间的"惯例"。

对青少年的父母而言,面对孩子的出格行为,最简单粗暴的解决方法就是将其教训一顿。而像泰民妈妈这样忍住自己的怒火,心平气和地和孩子沟通,自然会耗费不少精力和耐心。不过她的努力没有白费,泰民在各个方面都取得了长足的进步,母子二人的关系也得到了巨大的改善。假如她仍旧采用过去的方法和孩子沟通,这次事件的结果肯定会是两败俱伤,亲子关系也必定会更加恶化。

**和孩子沟通成功的原因**

泰民亲自制订、修改和执行学习计划这件事是一个很关键的转折点。从此以后,他的行为开始走上正轨,并日益自律起来。妈妈唯一做的事情就是信任儿子,然后等待他遵守约定。虽然泰民与妈妈的第一个约定以失败告终,但是妈妈没有将失败归咎于儿子,更没有像往常那样对他大发雷霆。妈妈的这些改变泰民都看在眼里,因此在感到愧疚之余,他便下定决心认真制订计划。

在妈妈的信任和鼓励下,泰民不断完善自己的学习计划,并在认真执行的过程中获得了满足感和成就感,从而产生继续前进的动力。在泰民转变的过程中,妈妈的称赞满足了他寻求认同的心理,感谢的话语提升了他的自尊心。正是妈妈的这些微小改变,促使两人化解了心中的矛盾,成为无话不谈的母子。

"我家孩子什么都做不好,我拿什么相信和认同他?"
"他既不听话,又不好好学习,我感谢他什么?"

你如果有这样的想法,就请扪心自问一下,自己是否也曾因得不到别人的认可而伤心抱怨呢?我们每个人都是这样,虽然自己的能力尚有不足,但是我们依然希望得到别人的信任和认可。如果你的运气足够好,身边有一个不断鼓励你的人,你肯定会感恩一辈子的。每次想到这个人的时候,你就会充满动力继续努力。

谁可以成为孩子身边的鼓励者呢？难道他只能期望自己运气好，有朝一日会遇到一个这样的人吗？难道父母不能成为这种人，陪伴在孩子的身边吗？

每当谈起"心理韧性"[①]（Resilience）这个话题，学者们一定都会提到一项研究——考爱岛纵向研究。20世纪50年代，美国夏威夷群岛最北端的考爱岛成为失业游民、酒精中毒者和麻药上瘾者的聚集地，岛上的社会不良分子太多，导致犯罪率急剧攀升。研究者们以岛上833名孩子为对象，进行了大规模的长期追踪调查，目的是研究在孩子们的成长过程中，哪些因素会导致他们对社会适应不良，让生活变得不幸。

研究结果正如大家预料的一样，越是在不健全的家庭中长大的孩子，越不容易适应学校和社会。父母的性格或精神健康出现异常，也会对孩子造成负面影响。参与研究的心理学家埃米·沃纳（Emmy E. Werner）专门对考爱岛上生存环境最恶劣的201名孩子进行追踪调查，他们都出生于贫困家庭，父母不是分居、离婚，就是一方是酒精中毒者或精神疾病患者。这些孩子长到18岁以后，相较于其他孩子，更容易变成社会不良分子。

但沃纳教授发现一个叫麦克的孩子，他出生在最恶劣的环境，却开朗活泼，富有个人魅力。他的学习成绩从小学时就很

---

[①] 也称心理弹性、心理复原力、心理抗逆力，是指个体从逆境、创伤、威胁、失败甚至是积极事件中恢复常态的能力。

优秀，阅读能力也高于其他同龄孩子。麦克最终以优异的成绩考上一所知名大学，还担任了学校社团的社长和学生会主席，并获得了全额奖学金。

沃纳教授原以为麦克是一个特殊的个例，不过后来她又发现了不少相似的案例。最终，这 201 个出生于极度贫穷家庭的孩子中，有 72 个健康长大。沃纳教授认为，这些能够战胜困境、健康成长的孩子，必然都具备某种特殊的品质。后来她和团队经过研究发现，那个让他们从险恶环境中脱颖而出的特殊品质就是心理韧性。

为什么他们会拥有心理韧性呢？因为这 72 名孩子的身边都至少有一位能够无条件接纳他们的大人，这个人可能是爸爸、妈妈、爷爷、奶奶，或任何一个孩子能够依靠的人。正是这个人的存在，最终促成了孩子的健康成长。试想一下，我们孩子的身边有这样一个人吗？

心理韧性好的孩子都有哪些特征呢？法国发展心理学和临床心理学家迪迪埃·普勒（Didier Pleux）博士在《孩子的心理韧性》一书中总结了这种孩子的情感特征，具体如下：

---

### 心理韧性好的孩子的特征

- 不会效仿大人的坏行为。
- 诚实地表达自我情感。

- 爱自己。
- 能在琐碎的日常生活中发现快乐。
- 自信、有底气。
- 擅长利用自己的优势。
- 独立性强。

观察一下你的孩子,如果他有以上特征的话,那真是一件非常值得庆幸的事,但假如孩子缺乏这些特征,父母就应该想一想如何帮助他培养它们。

**孩子期望的父母言行**

"父母如何对待你,才会让你感到心情舒坦、备受鼓舞呢?"这个问题我问过大约100名高中生,很多孩子回答说父母要多给零花钱或多做美食,有的孩子回答希望父母管好自己的事情就行,不要管他们的事情。于是我进一步追问他们,希望父母以什么样的表情和肢体动作与他们沟通,以及希望父母说哪些话来鼓舞自己。通过孩子们的回答,我们可以更加具体地知道他们想从父母那里获得什么样的心理安慰。

## 孩子期望的父母行为

- 开心地和我打招呼。
- 和我举手击掌。
- 我说话的时候,他们能认真聆听。
- 常对我竖起大拇指,或比出 V、OK 等手势。
- 无论我说什么,他们都能欣然接受,并给予鼓励。
- 拍一拍我的后背或肩膀。
- 经常给我准备惊喜(如零花钱、巧克力、运动鞋等)。

## 孩子期望的父母语言(包含文字信息)

- 哇!长大了哦!
- 真棒!很靠谱。
- 有潜力。
- 作为你的爸爸(妈妈),我很骄傲。你值得我们信任。
- 你可以的。
- 你认真的样子真帅气。
- 看到你我就很欣慰。
- 做得好。
- 天啊,你是怎么想出这个办法的!

- 不愧是你，我以你为傲。
- 应该很辛苦吧，注意劳逸结合啊。
- 太了不起啦！
- 谢谢。

试着相信孩子、认同孩子、感谢孩子吧！对父母来说，只要保持足够的耐心，做到这些并不难，可是它们却能够极大地提升孩子的心理韧性与自尊心，让孩子未来的人生变得更加精彩。从现在开始，每天试着说一句孩子想听的话，或者做一件孩子期望你做的事，如何？虽然孩子在你面前可能会表现得十分矜持，或者嫌弃你说的话太肉麻，但他转过身后，一定会开心得手舞足蹈。

与青少年共情的五阶段沟通法④

# 发掘孩子的
# 积极意识

---

**相信孩子，就会看到孩子的真心**

　　父母想和孩子好好沟通，首先要先停止唠叨和发火，营造融洽的亲子氛围，接下来就是相信、认同与感谢孩子。很多父母认为，在这些建议中，最难做到的是相信孩子。

　　试想一下，假如你让孩子去写作业，然后便出门去超市买菜，你相信他真的会在此期间认真写完作业吗？如果孩子下周马上就要考试了，你相信他会按照计划自主复习吗？如果你把钱包放在餐桌上，你相信他不会偷拿里面的钱吗？所谓相信孩子，不仅要相信孩子的行为，也要相信孩子的真心。如果你真的相信自己的孩子，那么即使他没能写完作业，你也会觉得是因为作业太难或太多，反而会担心孩子太过辛苦；即便他真的偷拿了你的钱，你也会认为他这么做是情有可原的。总之，如果你真的相信孩子，相信他自己也想把事情做好，那么无论处于何种情形，你都会理解和认同孩子的判断及行为。一般来说，父母对孩子的信任通过言行就能表现出来。

泰民妈妈之所以能够控制情绪，保持耐心，是因为她愿意相信孩子。而泰民也不是只会跟妈妈作对，他在内心深处也希望自己能够得到妈妈的信任。泰民曾经在接受心理咨询时对我说：

> "我喜欢妈妈，只是讨厌她唠叨……
> "我能够理解妈妈，因为我确实做得不好，所以她才会教训我……
> "真希望我可以重生，成为一个热爱学习、成绩优异的孩子，这样妈妈就不会伤心了。"

当泰民妈妈明白了孩子的想法，理解了孩子的内心之后，她自然就会减少对孩子的批评和责骂。不过，泰民妈妈能够控制自己情绪的最重要原因，是她看到了孩子在制订学习计划的过程中表现出来的积极向上的真心和态度。她虽然希望孩子除做作业之外，还可以自主学习，但看到光是做作业就已经耗尽了孩子的精力，也就不再强求其他了。不过泰民还是在学习计划中写下了"自主学习 30 分钟"的目标，表达出自己想要做到且能够做到的决心，而且成功坚持了一周。妈妈本以为孩子会把作业太多当作逃避自学的借口，结果却并非如此，孩子其实也非常希望自己能够好好学习。虽然孩子总是抱怨自己很辛苦，但父母若能发现孩子的真心，给予他鼓励和支持，那么孩子的改变就指日可待了。泰民妈妈曾说："我以为他只知道玩，不想学习，没想到他心里是这么想的……"

我们接下来看看初中二年级学生哲民的故事吧！哲民妈妈发现自己钱包里的一张大额钞票不见了，于是问了哲民的爸爸、姐姐和哲民，大家都说没有拿。可是，爸爸和姐姐一想到哲民平时的表现，便开始怀疑他。哲民对此大发雷霆。好在妈妈认为毫无根据地怀疑别人是不对的，于是阻止了爸爸和姐姐，并向哲民道歉。虽然妈妈也有些怀疑哲民，但既然他说不是他，她便不再继续追问下去。当然，妈妈可以继续追寻真相，但她不想这么做，这件事也就不了了之了。几个月过去了，突然有一天，哲民请妈妈到他的房间，面带愧色地哭着说："妈妈，其实那个钱是我拿的，谢谢妈妈当时愿意相信我。"

妈妈听后有些吃惊，因为当时她只是觉得在无凭无据之下指控孩子，孩子会闹别扭，故不再追究此事。但万万没想到孩子真的说谎了，还说感谢妈妈那时选择相信他，她该如何接受这种情况呢？

其实，应对孩子说谎的最好方法就是在没有证据的情况下选择相信孩子。我们通过哲民的案例可以得知，若无凭无据地怀疑孩子，无论这种怀疑是否正确，孩子都会勃然大怒，因为这种不被家人信任的感觉会深深地伤害到他。

孩子之所以生气,是因为家人无凭无据地怀疑他。退一步来说,即使有证据,家人也要相信孩子这么做情有可原。假设妈妈或其他家人看到哲民偷拿了钱,千万不要当场指证他,而是要相信他这么做有难言之隐。信任一个人并不容易,但父母的信任与孩子的成长状态成正比,所以,在孩子出现问题时,一定要先试着理解他的行为和初衷,并找寻出他的真心,然后好好栽培它、呵护它,它便能根深蒂固,开花结果。

**发掘积极意识,改变孩子的行为**

父母如果能够耐心地探究孩子的内心,就会发现孩子那些看似有问题的行为,其实都蕴藏着积极意识。下面来看一下高三学生智厚和他妈妈的故事吧。智厚在学校里循规蹈矩,既没有做出任何叛逆行为,也没有对学习表现得十分热忱。妈妈看他这副"与世无争"的模样非常着急,认为他明明可以做得更好。某天晚自习结束,妈妈开车去接他回家。在车上,智厚发牢骚说:

"上了一天课有点儿累,所以我吃完晚餐后就趴着休息了一会儿,结果由于睡过头被老师叫起来骂了一顿,他还让我立即回家。"

妈妈听后顿时火冒三丈,自己每天如此辛苦地接送他,他竟然在晚自习上睡觉。她虽然很想骂孩子，但知道骂了也没用，于是平复了一下情绪说：

"看到妈妈来接你，你是不是有点儿过意不去啦？"
"为什么过意不去？"

这是什么态度？上课睡觉，心里竟然没有对妈妈感到一丝愧疚？妈妈忍不住又想发脾气，但想到这样可能会对孩子的心理造成伤害，于是只好默不作声。智厚对自己上课睡觉这件事丝毫没有内疚之感，这让妈妈感到吃惊。尽管妈妈非常不满孩子的这种态度，但她知道指责改变不了现状。她突然想起某个家庭教育课中曾提到，在任何情形之下，孩子都会有一定的积极意识。可是自己的孩子不学习，只知道睡觉和发牢骚，她实在看不出来他有什么积极意识。智厚妈妈将自己的疑惑告诉了我，于是我问她：

"孩子不过是想趴下休息一会儿，没想到被老师赶回了家，您觉得孩子当时的心情如何？难道是觉得可以回家了，所以感到兴奋吗？"

从孩子的角度来看，虽然学习很累，但他也在一如既往地坚持。他本打算休息一下再继续学，可没想到睡过头了。原本想好的学习计划泡汤了，孩子自然会心情烦躁。妈妈若能想到这一层,便会理解孩子的表现,并认可他内心的真实想法。"哦!原来他发脾气是因为这些啊!" 如果妈妈无法理解孩子行为背后的真情实感,而只是纠结于他是否感到内疚,孩子当然就会觉得妈妈根本不懂他。听了我的解释,智厚妈妈后来问儿子:

"你那天之所以发牢骚,是因为自己的学习计划没能完成,是吧?"
"是啊!换作是妈妈,也会感到难过吧?"
"嗯,抱歉,妈妈没能察觉你的感受。"
"不,我也很对不起妈妈。"

妈妈说这是她第一次感受到孩子的真心,一直以来她都认为自己的孩子根本就不想学习,学习是他迫不得已而为之的,结果却不是这样,她对孩子感到抱歉,也很感激孩子的坚持和努力。她决定以后要相信孩子,虽然孩子偶尔会犯错或耍把戏,但她相信孩子内心深处藏有想要做好的积极意识。当然,孩子的学习态度不会马上好转,但只要一步一步慢慢来,他的生活就一定会过得更好。

如果说孩子的每个行为里都藏有积极的意识,那么一个青少年谎报考试成绩,他的积极意识是什么呢?大部分人应该会认为他这么做的原因是害怕被妈妈责骂,但进一步思考就会发现还有更深层的原因:因为孩子不想让爸爸妈妈失望,因为孩子不忍看到父母伤心难过的样子,因为孩子无法让父母对自己引以为傲而感到惭愧。这些都是孩子的积极意识。

再仔细想一想,为什么花一小时就能完成作业,孩子偏要边写边玩,拖延到最后一刻呢?是因为他不想写吗?很多父母有一个不好的习惯,就是每当遇到问题,他们总是先想到孩子的消极意识。的确,孩子肯定不想写作业,但只是执着于此,对孩子一点儿帮助都没有,反而会让孩子更加伤心,甚至自暴自弃。因此,即使在这个情况下,父母也要努力发掘孩子的积极意识。

边写边玩说明孩子没有放弃,尽管他很不愿意写,但他的心中仍存有把作业写完的念头。如果此时父母只是一味地指责他消极拖延的态度,孩子极有可能会破罐子破摔。父母如果希望孩子即使再不情愿,也能把自己该做的事情做完,那就必须肯定孩子的这种行为背后潜藏的积极意识。比如父母可以这样对孩子说:

"你虽然很累,但还是竭尽全力地想把作业写完,真是辛苦你了。有什么需要妈妈帮忙的吗?要帮你准备一些零食吗?"

很多父母没有这种意识,因此要想养成这样的习惯,还需要多多练习。试想一个准时出门的孩子最终却迟到30分钟才到补习班,他的积极意识是什么呢?对父母来说,与其怀疑孩子做了什么坏事而迟到,不如多从积极的角度看待他:

或许他是遇到紧急的事了,好在最后安全抵达了;他虽然迟到了,但是至少没有放弃去补习班。

试着站在孩子的立场思考吧。如果妈妈能够理解孩子的想法,相信他的所作所为并非任意妄为,并能从中发掘他内心潜藏的积极意识,那么他会有怎样的反馈呢?我们知道,人类是一个矛盾综合体,心里同时存在着积极和消极两种思维,我们最终会倾向于哪一个想法,或者会选择哪一种行为,关键在于我们所接受的外部刺激。你带给孩子的外部刺激是哪一种呢?

倘若你还是想跟以前一样,只想一味地训斥孩子,那么你不妨看看下面这个心理学实验案例。

1987年,哈佛大学心理学教授丹尼尔·韦格纳(Daniel Merton Wegner)进行了一项实验。他将参与者分为3组,然后给他们播放介绍白熊生活习性的纪录片,并分别给每组下达不同的指令:"请记住白熊。""你可以想白熊,也可以想别的。""请不要想着白熊。" 然后请他们每次想到白熊就按一次铃。你知道最后哪组参与者想到白熊的次数最多吗?

没错,被命令不要想着白熊的那一组参与者,反而想到白熊的次数最多。这个实验表明,人越是压抑某种想法或情绪,反而越难以摆脱那种想法或情绪的束缚。对孩子们而言,父母批评的言语是令人痛苦的,也是他们想要忘记的,但他们越想忘记就越忘不了,反而会不断想起那些话。最终,这些话语会成为孩子们对自己的评语,让他们自认为"我就是这样的人",

从而自暴自弃。

你是经常鼓励孩子还是经常批评孩子呢？你如果平时总是批评孩子，只是在考试当天鼓励他，那么就不要指望你的鼓励能起到什么积极作用。因为孩子的脑海里早已充满了你之前对他的批评，即使他努力不去回想，那些话也会如同诅咒一般，总是不由自主地浮现出来。事实上，无论遇到什么事，孩子都有一颗想要做好的心，毕竟谁不想让父母开心呢？因此，父母如果希望孩子凡事都能展现出积极的态度，那就要从平时的行为中寻找孩子的积极意识，并不断地肯定和赞扬他。

## 积极地看待孩子的行为

$$(起床上学 + 放学去补习班 + 回家吃饭 + 写作业 + 睡觉) \times \boxed{\phantom{XX}} 小时 = 毕业$$

请问这样的日程安排需要经历多久，孩子才能拥有自由的生活呢？我们可以粗略地计算一下，从早上 8 点到晚上 6 点，共 10 小时；一个月上学的日子约 20 天，除去寒暑假，一年共 10 个月；幼儿园 3 年，小学 6 年，初中 3 年，高中 3 年，共 15 年。$10 \times 20 \times 10 \times 15 = 30000$。也就是说，孩子需要经历 3 万小时的这种生活之后才能拥有自由，选择自己想做的事情。那么在这段时间里，孩子会学到什么呢？他有什么想法呢？他的感受如何呢？世界时时刻刻都在发生变化，孩子如果想要脱颖而出，就要与时俱进，开拓创新，但是这种一成不变的生活如何能让他拥有独特的视野和先进的思想呢？他能成为社会所需的创新型人才吗？这就像是父母总喂给孩子油腻的食物，却要求他保持苗条的身材，或者自己肆无忌惮地满嘴粗话，却要求孩子说话时彬彬有礼一样，岂不是难如登天吗？

父母该怎么做，才能让孩子在漫长而单调的学习生涯中健康成长、全面发展呢？对此众说纷纭，但最重要的方法不外乎理解、接受、照顾和尊重。富有沟通经验的父母应该知道，有时候直接解读孩子内心的感受容易引起他反感，比如真心对孩子说"很伤心对吧""觉得很丢脸吧"或"很辛苦吧"，他反而会表现出冷淡或不屑的表情。这不是因为孩子的性格冷漠，或是跟父母的关系不好，而是因为孩子不愿让他人看透自己内心的想法，讨厌父母用简单的几句话来概括自己丰盈的内心情感，以及厌恶大人不懂装懂，以至于不想听父母给予的任何忠告。这是青春期特有的叛逆行为，也是他们成为大人的过渡现象。总而言之，面对青春期的孩子，父母必须要抛弃过去的教养方式，改弦更张，换一套全新的沟通方法。

如前面所述，停止过去的教养模式，营造亲子之间的欢乐时光，相信、认同和感谢孩子就是最好的沟通秘诀。在此基础上，如果父母能努力发掘孩子潜藏的真心与积极意识，积极地看待孩子的行为举止，那么孩子就会变得越来越自信，成长得越来越好。

与青少年共情的五阶段沟通法⑤

# 培养
# 认知乐趣

---

**何谓"有趣"？**

你是不是也会不自觉地对某些事物给予高度关注，并积极地研究它们，主动搜集相关资料，即使花费再多时间和精力也乐此不疲？如果你有这样的经历，那么驱动你的原动力是什么呢？答案是"乐趣"。人一旦在某件事情上感受到乐趣，自然就会产生探究的欲望，即便经历困难和失败，也会坚持到底并从中收获喜悦。乐趣是让日常生活充满趣味的核心要素。

青少年喜欢玩游戏、刷视频、追明星，就是因为他们能在其中感受到乐趣。处于这个年龄段的孩子本来就对这些感兴趣，所以要说这些行为都有问题，恐怕不妥。不过，如果孩子将所有时间和精力都花在这些兴趣上，而完全抛弃学业，那父母就应该设法纠正孩子的行为了。

对于大部分青少年而言，只要父母坚持实施前面4个方法，他们的学习和生活就会得到大幅改善。但如果情况仍未有起色，或者父母想要激发出孩子更强烈的学习动力，那父母就需要了解一下孩子眼中的"乐趣"是什么。

现代心理学家十分强调兴趣的重要性，兴趣能够提高人对事物的关注度，诱发强烈的学习动机，增进长期记忆。爱因斯坦曾说："兴趣是最好的老师。"兴趣和乐趣稍有不同，兴趣是指内心被某一对象吸引而产生的一种好奇心，而乐趣则是指津津有味地沉浸其中的一种愉悦心情和感受。兴趣是乐趣的基础，因为只有对某事物产生了兴趣，才能深入钻研，享受其中的乐趣。

"真没趣。"这是孩子最常讲的一句话，也是父母最讨厌的一句话。父母每每听到孩子说这句话，都会觉得他没有耐心，做事马虎。在父母的观念里，学习本来就是件辛苦的事情，最重要的就是要保持耐心，坚持不懈，因此看到孩子缺乏耐心的态度，他们就会忍不住连连叹气。不过我们要知道，对抗"没趣"的最佳方案就是寻找合适的方法使之"有趣"。如果孩子整天把"没趣""太难不想做"挂在嘴边，那父母就需要先让他了解乐趣的真正含义。

那么，那些即使面对高难的挑战也勇于尝试的孩子，其态度和表现是怎样的呢？他们虽然嘴上嚷嚷着数学题好难，但是仍然能绞尽脑汁地坚持解题。尽管有些孩子会因难度太大而中途放弃，但是那些喜欢数学的孩子却说："虽然很难，但很有趣。"天哪，他们竟然说数学有趣！由此可见，即使遇到困难也依然能驱动自己解决问题的那股力量正是来源于"乐趣"。乐趣对孩子来说十分重要，正因为乐在其中，他们才会坚持到底，才会在解题成功的那一刻充分体验到内心的满足感与成就感。那么，孩子为什么会对某些事满怀乐趣呢？

## 你知道什么是认知乐趣吗？

美国科罗拉多大学心理学名誉教授沃尔特·金茨希（Walter Kintsch）将乐趣分为情绪乐趣与认知乐趣。情绪乐趣指通过一些能够诱发情绪觉醒的事件（如性或暴力）引起自发性情绪变化或直接的情绪反应时产生的兴奋；而认知乐趣是在获取新信息的过程中产生的，简单来说，就是在新信息与固有认知叠加、融合从而增广见闻的过程中产生的兴奋。

譬如从玩游戏或其他刺激性活动中得到的乐趣便属于情绪乐趣。目前大家所知道的乐趣大多属于情绪乐趣。有时候，情绪乐趣有助于改善儿童的行为，我们经常看到小孩子因为玩得开心，行为会出现正面积极的变化。但情绪乐趣对改善青少年的行为几乎无效，也就是说，即便尽情满足他们的情绪乐趣，也不能从根本上改变其行为。比如父母带青少年去游乐园玩一天，或买最新款的智能手机送给他们，也无法让他们变得乖顺，反而可能让其更加无法专注学习。

乐趣本应该使人感到心满意足,但结果却并非如此。孩子跟朋友在外面玩了半天,回到家后还是不想写作业,继续玩手机、发短信,把该做的事情抛在脑后,这就是情绪乐趣的局限。他即使在外面跟朋友玩得很开心,回到家后也依然会感到内心空虚,甚至还会沉浸在悔恨之中。可是我们知道,一个人如果真的感到心满意足,就绝对不会出现这两种情绪。很多孩子到了小学高年级,就会逐渐出现这种症状,为什么呢?因为只有情绪乐趣,是无法满足孩子成长需求的。人有各式各样的欲求,除了满足情绪乐趣,还需要满足学习和成长的需求。唯有认知乐趣才能够填补孩子的空虚感。

我们都有这样的经历,度过了愉快的一天后,内心可能会感到满足,也可能会感到空虚。事实上,在做完某一件事后能否感到满足,正是情绪乐趣与认知乐趣的区别所在。当认识新事物的时候,我们会充满好奇和乐趣;当获得新技能的时候,我们会感到自信和自豪。探究新事物、学习新技能,都属于认知乐趣,它们会令我们的内心获得极大的满足感。

可以说,孩子努力学习的动力来自认知乐趣。当感受到认知乐趣的时候,孩子会说"好有趣""真好玩""还有别的吗?再多说一点儿",等等,神情充满了期待。而一旦获得足够的认知乐趣,孩子内心想要成长的那股力量就开始蠢蠢欲动。父母作为青少年成长过程中的指导者,应该注重培养和发展孩子的认知乐趣。

## 刺激认知乐趣的"视错觉"

那么,有什么办法能够培养和发展孩子的认知乐趣呢?引导孩子探究新知识,或启发孩子产生新想法都是不错的方法。

父母如果想在不触发孩子的反抗与叛逆、不触犯其独立和自由的前提下激发孩子的好奇心,就可以利用"视错觉图"(Optical Illusion)作为媒介。人们对外界事物的不正确的感觉或知觉称为错觉,其中最常见的是视觉方面的错觉,称为错视或视错觉。完形心理学(格式塔学派)中常利用各种视错觉图来解释人类的视觉偏差。

以丹麦心理学家埃德加·鲁宾(Edgar Rubin)的作品"鲁宾杯"为例,不同的观察者会看到不一样的图案,有的人看见的是一个花瓶,有的人则看到两张面对面的脸孔。完形心理学认为,人们在感知客观对象时,并不能完全感知该刺激所产生的所有印象,总是会有选择地感知其中一部

鲁宾杯

分,其中感知到的部分是图形,未感知到的部分则为背景。先看到花瓶的人,认为花瓶是图形,两张人的脸孔为背景;反之,先看到两张脸孔的人,认为脸孔是图形,花瓶则为背景。不会有人同时看到这两种图形。最重要的是,即使观察的是同一个对象,由于各自的观点与心理状态的差异,大家的观察结果也

会互不相同。换一种方式理解，如果自己的观点和心理状态有所转变，那么眼睛看见的事物样貌就会变得不一样。也就是说，外界刺激不变，但自身看待问题的视角变了。

青少年的"鲁宾杯"现象特别强烈，他们以为自己的所见所闻便是世界的全貌。他们可能会认为爸爸妈妈之所以在自己面前吵架，是因"我"而起；朋友之所以斜视自己，是因为不喜欢"我"；数学之所以令人讨厌，是因为"我"根本体会不到数学的乐趣……他们因这些"视错觉"而饱受折磨。

拥有健康情绪的人明确知道对自己最重要的事物，并能够以图形的方式清晰地浮现出来。相反，情绪不稳定的人则不能分辨图形与背景的差异，因此内心容易产生混乱。所以在父母看来不重要的事情，在孩子眼里却是另一番情形。如果孩子看到的图形是游戏，他便无法注意到对自己重要的学业、家人及朋友。因为孩子重视的是当下的感受，他看不见存在于背景中的真正重要之物。他们必须改变自己看待问题的视角，才能知道自己真正的欲求是什么。

下面是完形心理学常用来帮助孩子摆脱视错觉的图画：

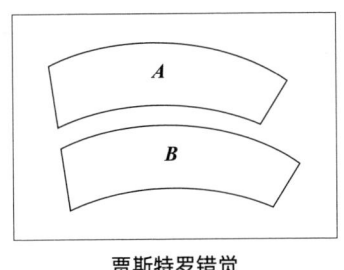

贾斯特罗错觉

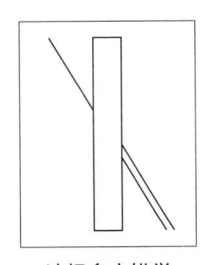

波根多夫错觉

左图是贾斯特罗错觉[1]（Jastrow Illusion），在这幅图中，我们会感觉下面扇形 B 的轮廓要比上面扇形 A 的轮廓看起来更大一些，但其实两个扇形的大小一致。右图是波根多夫错觉[2]（Poggendorff Illusion），你觉得左边直线的延长线会与右边哪一条线相接？以肉眼看，很像是右边上方的那条线，但实际上却是右边下方的那条线。

不过近来父母觉得难以与青少年沟通的原因之一，是孩子不会照实说出自己真实的感受和观点，而是习惯于言不由衷、心口不一。比如自己明明觉得波根多夫错觉图中左边的线与右边上方的线会相连，却偏要故意说出相反的观点："是下方那条线对吧？我一看就知道了。"自己虽然误打误撞说对了，但却没有获得应有的感悟和成长。所以，孩子在看这些图画时，一定要实事求是，如实说出自己的感受，并亲自拿起尺子去确认事实的真相。因为只有通过实际测量，孩子才能获得真正的领悟，而只有通过一次次真正的领悟，孩子的心理才会切切实实地得到成长。

---

[1] 由美国心理学家约瑟夫·贾斯特罗发现的一种光学错觉。其原理是人们在比较物体大小时，会不自觉地用两个物体相邻的两边进行比较，进而大脑将会把拥有较长边的物体识别成较大的物体。

[2] 由德国生理学家波根多夫发现的一种视错觉，具体来说，就是一条直线以某个角度消失于一个实体表面后，随即又出现于该实体的另一侧，看上去就会有些"错位"。其内在的神经机制为视神经细胞在感受光线刺激的时候，会受到旁边细胞的影响，并且在大脑加工信息的过程中也会受到神经中枢的融和机制的影响。

著名画作《美女与老妇》的原型是一幅名为《我的妻子与我的岳母》的图画，于 1915 年被英国漫画家艾里·威廉·希尔（Ely William Hill）稍加修改，刊登在一本美国的幽默杂志上。这幅画的奇特之处在于，不同的人会看到不一样的内容。有些人看到的是年轻的美女，有些人看到的则是年老的妇人。此画于 1930 年被引用在美国心理学家埃德温·波林（Edwin Boring）的研究论文中，此后广为流传。

《美女与老妇》

这类图画可以被认知成两个以上的事物，可以用不同的意思解释，故称作"多义图形"。虽是同一事物，但因为每个人的期待不同，所以呈现出来的结果不同。被关注的部分是显现出来的图形，不被关注的部分则成了背景。

此概念与"鸡尾酒会效应"类似。鸡尾酒会效应是指人在鸡尾酒会这种嘈杂的场所，只能听到与自己聊天的人的声音，听不见其他人的声音。在这里，交谈对象的声音是图形，其他人的声音则成为背景。同样，当孩子把所有精力都放在用手机和朋友聊天上时，朋友发送的信息就是图形，站在面前的父母则变成背景。因此，孩子根本听不到成为背景的父母说的话。很多看过多义图形的孩子会问我：

"医生，还有其他类似的图画吗？"

"怎么了？"

"我想给朋友们看，这太酷了。"

当看到年轻美女的孩子们找不到老妇人的脸庞时，我会告诉他们如何转换视角：将美女颈部的黑色项链当作老妇人微微张开的嘴巴，而把美女小巧精致的下巴当作老妇人又大又长的鹰钩鼻……他们这才惊讶地说："啊！我看到了。" 一个初三的男生在看过这幅画后对我说：

"原来眼睛所看见的并非全部。朋友不过是唠叨了几句，我就认为他讨厌我。您之前不是问我，他是只对我这样，还是对其他朋友也这样？我那时觉得他只对我这样，可是后来认真观察了一下，我发现并非如此，他每天都是那副暴躁的模样。所以，现在不管他对我做什么，我都不太放在心上了。"

认知乐趣伴随着新信息的获取而产生，在肉眼所见即为全部的固有认知中融入新的潜藏信息，不仅会拓展自己的认知和见闻，同时也会扩大自己的胸怀和格局。通过上述的研究和案例，我们可以确信，认知乐趣会在孩子的心理成长过程中发挥巨大的作用。

**搜寻新信息，培养认知乐趣**

初一学生宰贤从一进咨询室就怒气冲冲，因为他要注册某个网站的会员，用自己的手机认证多次都失败了，导致系统停止给他的手机发送验证码。于是，他要用妈妈的手机来认证，还威胁妈妈说若不给他用的话，他就不接受心理咨询。我听完事情的来龙去脉后跟他说：

"你自己给通信公司打电话就能解决，为什么不自己去解决，反而去威胁妈妈呢？"

"咦？真的吗？我可以自己解决？"

"应该可以，自己如果真的解决不了，到时候再拜托妈妈帮你不就好了？"

我建议他上网搜寻通信公司的客服电话，然后拨过去礼貌地询问。由于没有按照自动提示的步骤操作，他拨打了两通电话才与客服专员取得联系。

"您好，由于我多次认证失败，系统自动停止给我的手机发送验证码了。可以麻烦您再给我发送一次验证码吗？"

宰贤认真地听客服说明，并按照步骤操作，最后重新收到了验证码。由于亲自解决了问题，他对自己深感自豪，脸上也绽放出笑容。以前他遇到问题只会折腾妈妈，稍不顺心就发脾气，现在他竟然可以亲自解决这个问题。他仿佛发现了新大陆，两眼放光，兴奋地对我说：

"太有趣了，我竟然没想到可以这样做。"

想要成为大人，就要从被动接受的角色转变为主动解决问题的角色，但现在的父母却很少给青少年提供这种机会，只知道强迫他们用功读书。孩子想做其他事情时，父母就会说这些等考上大学后再去做。长期生活在这样的氛围中，孩子怎么能够获得真正的成长呢？

整天在学校上课，努力读书提升成绩，以及和朋友们谈笑风生，这些事情都应该是孩子依照自己的意愿去做选择。父母如果不放心，认为孩子没有哪件事情能自己胜任，那么就可以试探一下他，比如在电视购物节目中看到想买的商品时，询问一下孩子的意见。

"妈，现在有很多兼职人员是专门负责刷单、写好评的，你不能太相信他们的营销手段，我建议你直接去商场试用后再买。你如果在线上买完觉得不满意，就一定要申请退货。你要是不会弄就跟我说，我帮你处理，知道了吗？"

孩子如果能这样劝诫冲动购物的妈妈，就说明他不只身体在成长，思考也变得成熟有深度，这样的孩子才是真的长大了。

孩子想要的不是铺好的红地毯，他们希望依靠自己的力量取得成绩，而非单纯当个爸宝妈宝。虽然从表面上看，他们很享受父母为他们准备好的一切，但他们绝对无法从中获得真正的成就感。父母不应该亲自帮孩子捕鱼，而是应该传授给他们捕鱼的方法。换句话说，父母不要帮孩子找好他们所需要的信息，而是要教他们如何搜寻信息。那具体该怎么做呢？

**教导孩子搜寻新信息的方法**

在给青少年做心理咨询时，我也会教导他们如何自己找到与世界连接的桥梁，并从旁协助他们积累相关的经验。其中一个孩子特别喜欢某位作家，与那位作家见一面是他的人生愿望。可是他不知道如何将自己的愿望与现实结合起来，觉得自己的愿望遥不可及。其实，解决方法比预想的要简单很多。如今，我们身处网络时代，社交网络覆盖了社会的每个角落，因此想要与某人建立联系，要比过去容易很多。

于是，我给他介绍了"六度分隔理论"（Six Degrees of Separation），此理论最早于 1929 年由匈牙利作家弗里杰什·卡琳迪（Frigyes Karinthy）提出，是指地球上所有人都可以通过六层以内的熟人链和任何陌生人建立联系。后来，美国哈佛大学社会学系教授斯坦利·米尔格拉姆（Stanley Milgram）通过连锁信实验证实了这一理论。虽然这个实验是用来描述人脉概念的，但我认为也可以用来描述孩子寻找自己所关心的事物的过程。况且，六度分隔概念始于1929年，当时既没有手机，也没有社交网络。现在根本不需要六度分隔，两度便能连通到很多地方了。因此，当一个孩子想要与另一个人建立联系时，我建议他可以尝试发电子邮件。我先向孩子提出6个问题，并由此展开话题：

1. 你好奇什么？
2. 你需要收集什么信息？
3. 你要发邮件给谁？
4. 你准备发给几位？
5. 你如果没有收到回复，该怎么办？
6. 你如果收到了回复，该怎么办？

过程并不复杂，不过大部分孩子会问："怎么获取对方的电子邮箱呢？"你看，孩子们连获取电子邮箱的方法都不知道。以上面这个孩子为例，我告诉他可以到出版社官网获取出版社的企业邮箱，再郑重拜托出版社提供作家的电子邮箱，同时可以表明自己是作家的粉丝，有问题想要请教他。通过出版社取得作家的电子邮箱后，再诚心诚意地写信给他。假设孩子喜欢的人物有10位，他给每个人都发送了电子邮件，大致能收到一半的回复。这件事实行起来并不难，关键是孩子一定要全程亲力亲为，这样他才会知道与这个世界建立联系原来如此简单。

一位小学时经常搬家的高中生，在得知了这个方法后，小心翼翼地跟我说他也有想要联系的人，这个人是他小学五年级的班主任。我告诉他可以打给毕业小学或教育局询问，就能知道这位老师如今在哪所学校任职。但一个月过去了，他一通电话也没打。他说自己很害羞，不知道学校是否会告诉他老师的信息，最重要的是他觉得那位老师应该不记得他了。这就是青少年的心理状态，他们做事往往瞻前顾后，犹豫不决，缺乏行动力，写一封电子邮件就能解决的事情，他们却会一拖再拖。

在孩子学习与这个世界建立联系的过程中，父母扮演着很重要的角色。我偶尔会在网上看到"某中学生实地探访名人"等类似的新闻，每次看到这种新闻，我都很为这些孩子感到骄傲，也非常钦佩那些教导有方的父母或老师。但另一方面，我又对孩子需要做到如此出色的地步才能登上新闻受众人赞赏的这一现实感到悲哀。我想强调的是，并不是所有孩子都必须优秀到那样的程度才配得上褒奖，孩子没有勇于挑战，不代表他没有能力。

孩子从出生的那一刻起，即具备了所有能力：学习的好奇心、追求完美的欲望，以及跌倒后爬起来的勇气。我们本章介绍的与青少年共情的五阶段沟通法是一套实用有效的亲子沟通体系，有助于父母打破孩子内心的高墙，发掘孩子隐藏的真心。希望父母能够通过这套方法，与孩子一同发掘他们自身的潜力与可能性。

第四章

# 我也有希望吗？

# 若想帮助
# 长期受挫折困扰的孩子

"一定要做到这种程度吗?"

"孩子这么大了,应该知道自己该做什么,不是吗?"

"这样做真的有效吗?"

虽然许多父母已经了解了青少年的心理,也学到了跟孩子沟通的方法,但他们心里仍存有疑问:"自己真的要做到这种程度吗?自己能做到这些吗?"父母如果产生这样的疑问,就需要先调整好自己的情绪,因为倘若他们的心理状态不稳定,亲子关系就会变得更差。因此,父母需要先了解自己,照顾好自己,再循序渐进地利用前面提供的方法修复亲子关系。当然,你如果能找到其他有效的方法,就大可不必依照书中的方法去做,但如果还没有找到帮助孩子脱离苦海的好方法,那么你就不妨试一下书中的建议吧！想要改变一个长期受挫的孩子，并非易事。尽管孩子早已心冷，我们早已精疲力竭，可是身为父母，我们不能放弃拯救孩子啊！

**长期痛苦的汝珍**

那天，上初中三年级的汝珍和爸爸妈妈一起来到我的咨询室。汝珍每天玩手机，沉迷于社交网站，而且经常与校外朋友厮混，丝毫不关心自己的学习。她还经常瞒着父母逃课，直到深夜才回家。父母一说她，她就会对父母大吼大叫，十分叛逆。父母不明白，自己的孩子为什么会变成这样。

汝珍出生于双职工家庭，自小由奶奶抚养长大。虽然妈妈下班回家也会照顾汝珍，但由于工作太忙，她无暇顾及孩子的内心世界。奶奶虽然劳心劳力地照顾汝珍，但总忍不住对她说教或唠叨。上小学后，汝珍经常与同学发生争执，一旦不如意，就会大发脾气。家人原以为她只是年纪尚小，性格有些执拗而已，也就没有在意。直到升入高年级，其他同学都交到了要好的朋友，她却渐渐没了朋友。慢慢地，汝珍对学习也失去了兴趣，整天只知道玩手机。到了初中，她开始与一群校外的朋友鬼混，回家越来越晚。

值得注意的是，小学六年级那年，汝珍主动跟妈妈说想要接受心理咨询，可是当时妈妈并不认为她有任何问题，因此也就不以为意。直到初中三年级，汝珍的叛逆行为日益严重，父母这才决定带汝珍来接受心理咨询和诊疗。妈妈向汝珍提议时，她并未拒绝，安静地跟着父母进入了心理咨询室。

  为了准确掌握汝珍的心理状态，我给她做了心理测验，结果显示她的身上存在一些典型的行为问题。首先可以确定的是，她不能与朋友融洽相处，经常与人起冲突是有原因的，那就是她在社会情形中判断事情前因后果的能力不足。比如在街上遇到妈妈的朋友时，汝珍产生的第一反应是"又不是我熟悉的人，我为什么要跟他打招呼？"自己不小心打翻饮料，溅到旁桌的孩子身上时，她反而会强词夺理责怪对方："我跟你说了，离我远一点！"自己迟到的时候理直气壮地找一堆借口，别人迟到的时候就破口大骂质问缘由。她甚至还会在私翻妈妈的钱包后大声狡辩："妈妈不也知道我拿了钱，这有什么问题？"一个人小时候未曾做过的行为，不代表其以后不会做。随着汝珍对周遭环境的不满与不安逐渐增加，她开始慢慢脱离社会规范，不遵守礼仪，这样的经验持续积累，最终会导致其认知混乱，不明是非。而随着汝珍判断能力的下降和道德标准的降低，她和妈妈的日常交谈模式也逐渐变成了下面这样：

  "你为什么不跟阿姨打招呼？看到熟人就要打招呼，这是基本礼貌。"

  "我不知道怎么打招呼。"

  "你怎么会不知道？你小时候非常喜欢跟长辈打招

呼啊!"

"小时候的事情我早忘了,我不记得我小时候是怎么打招呼的。"

"你非要这样吗?"

## 当事人也不懂的青少年内心故事

在妈妈的描述中,现在的汝珍和小时候的她简直判若两人。我们不禁要问,那个活泼可爱、彬彬有礼的孩子,到哪儿去了呢?下面我们听听汝珍如何诠释她和父母之间的故事:

"我跟妈妈的关系不太好,我们在家很少交谈。妈妈每天都很忙,而且脾气火爆,一旦有谁不如她意,她就如吃了炸药一般大吼大叫。没有人关心我,我很想忘记这些,但不管我怎么做都忘不了内心的伤痛。"

我请汝珍为家人画一幅画,她将画纸分隔成两半,一边画正在看电视的爸爸,另一边则是在玩手机的自己,妈妈并未出现在她的画中。我问汝珍:"为什么没有妈妈?" 她回答:"妈妈大概正在工作吧!"

由于缺少父母的陪伴,汝珍在幼年时期没有和他们建立起亲密的亲子关系;在经历挫折或者受到奶奶责骂的时候,父母也没有及时地给予她帮助和安慰。渐渐地，她对父母产生了不满和恨意。所以我们要明白，汝珍之所以会变成如今这般模样，是因为她在成长的过程中缺乏父母的关爱，而绝非单纯因为她喜欢跟不良少年在一起玩。

情感缺失容易导致内心自卑，因此汝珍非常在意他人的眼光，对外界信号极度敏感。假设有人对她的穿着或发型露出不甚满意的表情，她就会连续几天跟父母闹着要买新衣服，还会因此而不去学校上课。另外，她的想法非常固执，不懂得变通。举例来说，假如朋友对她犯了错，即使对方真心道歉，她也不会接受，并且将其视为永远的敌人。汝珍把自己在生长环境里受到的创伤投射于外，将他人和外界视为危险与可怕的存在，从而形成了强烈的被害妄想意识，这导致她经常误解对方的想法或意图，容易与人产生各种误会、摩擦与冲突。

另外，汝珍也无法以积极的态度看待自己。如果大家都避开她，她就会认为大家讨厌她；她如果未能按照计划完成任务，就会觉得自己一无是处，什么都做不好。她的自信心和自我价值感很低，因此她感觉未来一片灰暗。我请汝珍描述一下自己现在的状态，她说：

"仿佛在无边无际的沙漠里迷了路，口干舌燥，即将死去；又像在结冰的河面上踽踽独行，感觉下一步就要陷落进去……"

我问她是从何时开始跟妈妈的关系变差的。

"大概是6岁左右。那时我还小，晚上想跟妈妈一起玩，妈妈总是说自己很累，下次再陪我玩。今天说下次，明天又说下次……最后我放弃了。自从我不再烦妈妈以后，她变得爱唠叨了。现在我尽量不和妈妈说话，在我的记忆中，没有和妈妈共度美好时光的场景。"

可是，妈妈的记忆却与汝珍相反。她每天下班回到家都会问汝珍："今天做了什么？"她会和汝珍一起聊天，抱着她一起欢笑，周末还会带汝珍出去玩。每逢节假日，她都会带着孩子一起去旅行或到游乐园游玩。为什么汝珍忘了这些快乐的记忆，只记得自己的委屈呢？妈妈对此感到非常伤心。

无论是何原因，事实就是汝珍忘记了过去幸福快乐的时光，只留下了伤痛的回忆。为什么她会抹掉快乐的记忆，仅留下痛苦的记忆折磨自己呢？

大概是因为父母给予的并非是她想要的，或许他们根本不了解汝珍，不知道她的个性特质和心理需求。比如妈妈以为汝珍只喜欢玩，但其实不然。汝珍小学的时候，希望妈妈可以坐在身旁陪她写作业，但妈妈认为写作业是孩子的事，没想过要陪伴她一起完成。每当汝珍需要妈妈的时候，妈妈都未能及时满足她。虽说父母不能满足孩子的所有欲求，但他们至少应该先了解孩子各种欲求的先后顺序，并努力去试着满足，而不是按自己的意愿行事。

心理测验结果显示，汝珍拥有强烈的成就感欲求，一旦不能满足，她的内心就会感到非常受挫。当受到学校或身边亲朋好友的批评时，她就会陷入自我否定的情绪之中，在这种情形之下，愤怒、自责和无奈等消极情绪会导致其内心混乱，使其产生巨大的心理压力。此外，她总是以错误的行为来表达自己的情绪，因而受到大家的疏远，进而感到更加焦虑和痛苦。在她看来，既然自己已经被学校视为问题学生，就意味着自己无论多么努力，都不再有任何希望了，于是她便自暴自弃，整天迟到或者无故旷课。

**父母最需要的五阶段沟通法**

父母看到汝珍这副模样，怎么可能什么都不做？他们将能想到的方法都试过了，比如劝教、责骂、没收手机和禁止外出等，但这些办法对她没有一点儿效果。最后父母想起来以前汝珍曾说过想要接受心理咨询，于是只好皱着眉头带她来到我的心理咨询所。

父母对汝珍经常为人际关系而烦恼这一点感到非常痛心。初中一年级时，由于和同学合不来，汝珍竟不想再去上学了。父母也曾考虑过搬家，但由于现实条件不允许，最终未能实现，可是汝珍却误以为父母不愿意为了她而搬家。父母希望汝珍能够健康顺遂地度过青春期，快快乐乐地适应学校生活。汝珍当然知道父母对她的期望和辛苦付出，也努力想要配合父母，但是父母却不理解她内心的苦楚，而且总想控制她的所有行为，想方设法地强迫她学习。这些行为都加深了汝珍对父母的怨恨。

现在父母与汝珍需要一个可以让双方皆大欢喜的办法。父母应该停止孩子并不想要的单方面"关爱"，以及批评责骂的教育方式；汝珍也要学会自我疏导，改善与父母之间的关系，解决适应学校生活的问题。所有父母都希望孩子能够立刻变得优秀，但心理咨询师不是魔法师，没有轻轻一挥就可以改变一切的魔法棒。我告诉汝珍的父母，如果把改变孩子比作渡河，那么现在的情况就是周围既无船只，亦无桥梁，若想成功到达彼岸，只能自己砍伐木材制作木筏，或寻找石头砌成一座石桥。在我的建议下，汝珍父母决定抱着这样的心态，尝试一下与青少年沟通的"五阶段沟通法"。

### 第一阶段：停止

首先，妈妈要放下内心的焦虑，停止唠叨，也不要再瞒着汝珍偷看她的手机。虽然我们能理解妈妈焦虑不安的心情，但这对汝珍没有一点儿帮助，只会激化双方的矛盾。

"我不看她的手机，不了解她的情况，万一她出事怎么办？"

"请问您偷看汝珍的手机多久了?"

"一年左右。"

"这期间出现过因您提前知道而成功预防或阻止问题发生的情况吗?"

"没有。"

"庆幸的是,汝珍还不知道这回事,她一旦知道了,肯定会大发雷霆。您应该立即停止做这件事,这样孩子才会信任您。孩子能够主动改变,固然很好,但遗憾的是,这种情况并不多见。因此作为家长,我们要以身作则,先做出改变,或许您的一个小小改变,就能促使孩子做出很大的改善。首先,您应该先停止您的行为。"

妈妈听到我让她停止,误以为是让她什么都不要做,于是问了一句:"那我该做什么呢?"大家如果认真读过本书前面的部分,就应该能够想起下一阶段该做什么了。没错,就是创造与孩子一起欢笑的时光。

**第二阶段:一起笑**

想让汝珍与爸爸妈妈一起欢笑,真是不容易。尤其是对妈妈,汝珍完全不愿敞开心扉,无论妈妈说得多么有趣,动作多么搞笑,汝珍的反应都很冷淡。于是,我让她回忆一下,她小时候最想和妈妈一起聊什么,汝珍说她最想和妈妈聊生活中的各种日常小事,彼此交流情感,还希望牵着妈妈的手或让妈妈背着她一起笑，一起玩闹。经历过的人都知道小时候这种滋味是多么幸福，汝珍需要的就是这些感受。但如今她已经关上了心扉，不想让任何人靠近。所以我教了妈妈几句简单的话语，请她先主动跟汝珍说话。

第一，在生活中寻找孩子值得你感谢的地方，并真诚地对她说谢谢。

"昨晚谢谢你。谢谢你主动发信息告诉妈妈回家的时间，让妈妈安心。"

说完上面这句话之后，最好不要赘述其他方面，继续做自己的事情即可。有些家长感谢完孩子后，总是让孩子再接再厉，甚至说教一番，这样做如同画蛇添足，反而会弄巧成拙，引起孩子的反感。一般来说，孩子听到妈妈感谢自己，内心一定十分欢喜。

第二，间接表达父母为孩子着想的心意。例如买一些她喜欢吃的小蛋糕或时下很受欢迎的马卡龙点心，并对她说：

"这是别人送给我的，想到你爱吃，所以我带了几个回来。"

青少年的心扉没那么容易打开，他们拒绝父母过于刻意的关心，但倘若父母对他们完全漠视，他们又会埋怨父母对自己毫不关心。另外，如果父母突然转变态度，孩子们就容易出现防御心态，因此与青少年相处的原则就是若即若离，与之保持适当的边界感。在我看来，间接传递关怀是最有效的方法之一。

第三，适时满足孩子的一些要求，并尽量参与其中。汝珍最近的诉求是买新衣服、染头发和延后回家的时间，最后妈妈同意了买衣服的诉求。

"这周要不要一起去给你买衣服？"

"你给我钱，我自己去买。"

"妈妈也想享受一下和女儿一起逛街的快乐，就给妈妈一次机会嘛，你挑衣服的时候，我绝对不会在旁边说三道四。"

"真的吗？我要买我想要的，你保证。"

"好的，我保证。"

我们经常会见到孩子和妈妈在一起逛街购物的时候发生争执，因为孩子选择的衣服不仅要让自己满意，还得让妈妈满意。我特意跟汝珍妈妈强调，跟孩子一起逛街的目的是"一起笑"，而不是买一件让家长满意的衣服，因此可以事先跟汝珍讲好价格上限，并且无论她挑选什么样的衣服，都请试着接受它。另外，妈妈也可以挑战试穿一下汝珍挑选的衣服，或请汝珍帮妈妈挑衣服。总之，就是要想方设法让汝珍露出笑容。

最终，汝珍妈妈成功做到了，母女两人度过了一段非常愉快的时光。一起逛街的那天，当妈妈见到汝珍再次露出小时候那种天真烂漫的笑容时，她感动得热泪盈眶。自那天之后，汝珍偶尔会早一点儿回家，妈妈也时常给汝珍准备一些她爱吃的零食。更令人惊喜的是，以前妈妈下班回到家，汝珍根本就不愿意搭理她，如今她竟然开始主动开门迎接妈妈。汝珍与妈妈的关系正在逐渐改善。

**第三阶段：相信、认同、感谢**

就这样，汝珍的父母严格按照我的建议，停止了以前的教育方式，并努力创造各种机会与孩子一起共度快乐时光。大约过了一个月，汝珍的情况明显有所改善，性格比之前开朗了很多，与父母之间的沟通也越来越频繁。有时候她外出见朋友回来，还会跟父母聊一聊她和朋友都做了什么。汝珍虽然还是讨厌上学，但在待人接物时温和了许多。

此时，我开始建议汝珍的父母进入第三阶段，即试着相信孩子。虽然亲子关系得到了改善，但父母仍对汝珍不太放心。有时候汝珍过了晚上12点才回到家，父母还是会很生气，但又不敢说什么。

外面的世界如此险恶，孩子深夜未归，身为父母当然会感到担忧，但汝珍的父母如此不安的根本原因是他们不相信汝珍。如果汝珍在补习班待到12点才回家，那么父母一点儿都不会担心，但他们如果不知道她去了哪儿，就会担心她会出事。父母总是忍不住问汝珍在哪儿玩到这么晚，她说和朋友们在网吧玩到晚上 10 点，然后又去唱歌，结束后大家还一起聚在公园闲聊，最后又去一个朋友家学了学化妆方法。有时候经过夜市，她也会进一下。父母继续追问，问她有没有跟朋友喝酒抽烟，是否与男孩子交往，做没做危险行为。她很明确地告诉父母，自己的朋友不是那种人。

有一次，汝珍对我说：

"为什么大人都觉得我们只要没有在学习就是在做坏事呢？我的朋友们都很善良，根本不碰烟酒。如果有人提议要和男生联谊，她们一定不会同意，并且会和提议者断绝来往。我的朋友中也有学习好的孩子，我还在考虑要不要和她去同一个补习班学习呢。"

父母对汝珍不放心的一个原因是她不曾跟父母分享过这些事，另一个原因是"孩子不好好学习即是问题儿童"这一观念在家长心中已根深蒂固。他们认为孩子除了学校和补习班，哪里都不能去。身为大人的我，对这种社会偏见真是深感惭愧。

我将汝珍的话一五一十地转述给妈妈，可妈妈依然不相信她。因此，我换了一种表述方式，以增进妈妈对孩子的了解：

"虽然汝珍现在的表现不尽如人意，但她仍然在好好上学；尽管她有时回来得比较晚，但她从不夜不归宿。您知道为什么吗？因为她看到你们的态度改变了。她大可忽视你们的要求，跟你们对抗到底，可是她却在尽力配合你们的要求。假设她不做任何努力，您觉得情况会如何呢？"

汝珍的表现虽然仍未达到父母的期望，但毕竟有了一些进步，这说明她也非常希望自己能够改变，希望父母能够继续以她认可的方式协助她。对她来说，父母停止以前的教育方式，用心营造一起欢笑的快乐氛围，已经让她冰封已久的内心开始慢慢融化。妈妈在下班路上给她买零食这件事也是她小时候的愿望，在她看来，这同样是妈妈向她表达爱意的象征。

当孩子开始做出改变时，父母的信任显得尤为重要。如果此时父母能够真正地相信孩子，孩子的表现便会更上一层楼。

"可是，我们该如何相信孩子呢？"

"相信孩子"这句话，父母们应该听过很多遍了，但到底该如何相信孩子，很多父母对此感到迷惘。事实上，只要抛开父母的立场，不去苛责孩子的行为，并用心了解一下孩子的需求和心声，知道孩子正在为什么而努力，父母就会发自内心地相信、认可和称赞孩子。若仍然无法相信孩子，父母还可以尝试在孩子的问题行为中寻找他的积极意图，从而进一步了解孩子内心的真正想法。

**第四阶段：发掘孩子的积极意识**

其实，父母曾经十分相信汝珍，只不过鉴于孩子的现况，他们早已遗忘了这个事实。为了帮助他们回忆，我便试图跟他们聊聊汝珍小时候的事情。汝珍妈妈说：

"汝珍很擅长整理，从小学五年级起就会整理自己的房间，有时候也会帮忙打扫客厅。很奇怪的是，我叫她帮忙打扫的时候，她一般不会听，可是每当我加班或生病的时候，她一定会帮我打扫。

"还有，她不会乱花钱。在外面玩到很晚一般会花很多钱，但她却没有。她只花我们固定给她的零花钱，听说有时候为了节省车费，如果离家的距离比较近，她就会走路回家。

"嗯……汝珍也很照顾爸爸。有时候她会帮爸爸准备晚餐，每次爸爸问她问题，她都会乖乖地回答……"

"那您为什么还不信任她呢？"

"她总跟一群爱玩的孩子腻在一起，我怕她有危险；她整天说不想去学校，我怕她会休学，放弃学业。"

说完之后，汝珍妈妈突然明白了一件事：

"原来我只是害怕未来会发生不好的事。"

现在汝珍的所作所为并非全都正确，当然会存在危险，也的确会令人担忧，不过妈妈终于明白了一点：尽管汝珍说不想上学，但她还是乖乖地去了；虽然她常跟爱玩的朋友厮混，但是她并没有做出严重违反道德的行为。这些都反映出汝珍具备一定的原则和正向积极的意识。

汝珍的父母察觉到孩子的努力之后，便开始试着相信她。渐渐地，汝珍改变了许多，不过偶尔还是会像以前一样用冷漠的眼神看着父母，甚至无视他们，也还是会因一些小事突然发脾气。但这些可能是孩子在测试父母是否能够包容自己，也有可能是孩子因为放弃旧的行为模式而产生的抵抗和反弹。

现在该探讨汝珍在学校的人际关系问题了。这个问题的核心是她对他人和外界的看法过于悲观。汝珍是一个非常需要朋友认同的孩子，她虽然跟校外的朋友相处得不错，但是在校内跟同学的关系却不太好。其原因不在于她的社交能力差，而在于她总是以消极的态度看待朋友，感觉大家都讨厌她，或认为全世界的人都在批评她。如果有人注视她，她会误以为别人在瞪自己；如果有人和她打招呼，她会怀疑对方对自己做了亏心事。于是我利用错视图来纠正她的认知扭曲。她看似兴致缺缺，实则非常兴奋，时而将这些图画左右旋转，时而倒过来研究，观察得非常仔细。

"怎么可能？这是怎么画的？"

"老师也不知道。听说你很擅长画画，可以好好研究一下。看到这些画,你有什么想法?"

"我觉得很神奇。"

汝珍喜欢画画,因此很好奇那些图是怎么画的,她想要多找一些这样的图画,我告诉她可以到网络上搜索"视错觉图"。她经过搜索,最终找到了很多这样的图画,不禁赞叹不已。

"这些图画很神奇,对吧?"
"嗯。"
"老师觉得这些图画能够带给我们十分重要的启示。"
"我知道老师要说什么,您想说我对同学产生的那些看法都是我的错觉,对吧?"
"哦,你怎么知道?"

汝珍的话令我十分欣慰,虽然她可能早已揣测出我的意思,但这也表示她开始学会换位思考了。经过我们不断沟通,汝珍渐渐知道了父母和朋友们对自己的关心和认可,同时我建议父母可以通过这些图画进一步启发汝珍,并分享彼此的感受。汝珍的父母也照做了。

"汝珍,我觉得你这段时间变化很大。你现在的状态很好,总是充满朝气。你好像有什么事想要跟我分享,是吧?"

"您猜猜。"

"哎哟，你就直接告诉我吧，拜托。"

"老师的表情为什么这样？"

"因为我很想知道啊，我感觉你和过去不一样了，我非常想知道原因。"

"其实也没什么，不过我感觉自己的视野更开阔了。"

"为什么这么说？"

"比如以前我只能看到别人的缺点，现在我可以看到他们各种不同的层面。"

汝珍能够领悟到这个程度已经足够了。接下来，我们就要进入最后一个阶段。此时，父母需要给予孩子充分的支持，让她将这些点点滴滴的变化稳定下来，形成习惯。汝珍现在上初三，如前面所述，青少年的心理状态稳定后，最大的烦恼就是学业成绩和未来的方向了。汝珍现在需要一个未来蓝图，但她不能盲目地寻求，而需要主动发掘自己到底想要做什么、擅长什么，以及对什么感兴趣。

**第五阶段：培养认知乐趣**

哈佛大学最受欢迎的幸福课讲师泰勒·本-沙哈尔（Tal Ben-Shahar）提出人类幸福的三大关键词：意义、乐趣和优势。只要找到三者的交集，就能判断出什么事情能让自己感到幸福。

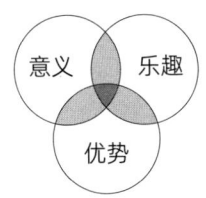

- 什么能带给我意义?
- 什么能带给我乐趣?
- 我的优势是什么?

汝珍对零售业很感兴趣,她一直渴望自己赶快成为高中生,这样就能出去做兼职了。但她想做兼职的地方不是年轻人常去的咖啡厅或便利店,而是熙熙攘攘的东大门市场①。她很好奇市场的运作模式,以及衣服的款式、设计和制作等。后来父母发现她和朋友最常去的地方就是东大门的服装批发市场,有时候她还会独自去逛。这个地方简直成了汝珍的游乐场。如今青少年可以逛的地方有很多,像汝珍这样热爱传统市场,想在这里工作的孩子已经很少见了。得知汝珍常去的地方后,父母安心了许多。

我告诉汝珍的父母,他们应该为孩子搭建一座桥梁,以帮助孩子进一步接触自己喜欢的事物,这非常重要。于是,父母同意她在初三寒假的时候,到东大门市场的服装批发店打工。汝珍非常高兴,仿佛自己的梦想已经实现了。

除了准备寒假打工计划,汝珍还开始学习美术设计,她的生活变得越来越充实。如今她每天都按时上学,只在周末跟朋友们见面,还跟同学成立了一个读书会。虽然改变的速度缓慢,

---

① 韩国最大规模的批发与零售市场。

但只要方向正确，前途定会一片光明。父母偶尔还会给汝珍买一些有关服饰与时尚潮流的杂志，汝珍也提议每月和妈妈逛一两次服装批发市场。

俗话说："打蛇打七寸，治病要治根。"现在汝珍最需要的是自己与外面世界连接的桥梁，而这座桥梁不一定是学校课程。汝珍有自己的认知乐趣，她只要满足自己的认知乐趣，就能打破以前的恶性循环，建立自我成长的特殊路径。因此，孩子不一定非要在学校和补习班被动地接受知识，也可以主动追寻梦想，促进自我成长。

看到汝珍取得进步，妈妈便有些急于求成，希望自己的孩子能进步得更快些，因此她想要送女儿去读私立高中。想让孩子去好学校，在外人看来不是一件坏事，但如果不尊重孩子的意愿，孩子很有可能会重新回到以前的状态。汝珍好不容易开始对自己的生活抱有希望和期待，因此父母千万不能我行我素，致使前功尽弃。我告诉汝珍的父母，若汝珍不愿意，就不要这么做。所幸他们听取了我的建议。

最后，我建议汝珍和父母，假如未来双方又开始产生矛盾和隔阂，为防止冲突激化，双方可以先停下来审视一下自己的想法，比如可以利用认知心理学中的"A-FROG法则"来进行自我评估，判断一下自己目前的想法是否合理。如果父母担心孩子，或孩子对父母的看法过于负面，他们就可以应用此法则来判断自己的想法。

A：Alive（我的想法能使我精神焕发吗？）

F：Feel（我的想法会让我心情变好吗？）

R：Reality（我的想法现实吗？）

O：Others（我的想法有助于促进我与他人的关系吗？）

G：Goals（我的想法有助于实现我的目标吗？）

如果以上5个问题，我们不能全部回答"是"的话，那么这个想法就很可能是扭曲且不合理的。青少年处在儿童向成年人转变的过渡阶段，他们既渴望独立，又心存依赖；既想要做好一切，却又能力不足。在这个过程中，父母如果总是抓着他们的缺点不放，不断强调他们有多么糟糕，就会将他们越推越远。

因此我和汝珍的父母约定，以后当他们觉得孩子违反承诺，只知道玩的时候，他们要先利用上述的 A-FROG 法则分析一下自己的想法是否符合实际情况，能否令自己的心情变好，能否改善亲子关系，以及能否帮助孩子健康发展。一般来说，问过这几个问题，他们的心情就会平静下来。

# 曾经一路顺遂的孩子"变坏了"

**我家孩子该怎么办才好?**

"听说不少孩子因接受您的心理咨询而考上医科大学,所以我们也来咨询了。"

这是建宇妈妈进咨询室对我说的第一句话,我听后非常惊讶。虽然很多父母希望我能说服孩子认真读书,但我还是第一次遇到说得这么直白的父母。老实说,如果真有孩子因接受心理辅导而考上医科大学,那也应该归功于他的学习能力出色,心理辅导只不过是帮助他解决了内在的心理问题而已。事实上,确实有不少孩子在接受心理咨询后,情绪开始逐渐稳定,学习成绩也开始稳步提升,但究其原因,是他解决了内心的困扰和痛苦，从而比以前更加专注于学业。也就是说，心理咨询的直接作用是解决青少年的心理问题，而非学习问题。在我看来，"因为接受了心理咨询，所以考上了医科大学"这种因果关系根本就不成立。不过，有些父母不明白其中的道理，就像他们送孩子去补习班是为了提升成绩，他们带孩子来到心理咨询室也抱着同样的目的和期待。因此，当建宇妈妈说带孩子来接受心理咨询，不是为了帮助孩子解决心理问题，鼓舞孩子奋发向上，而是为了让孩子考上医科大学时，我的心都凉了半截。

"如果您接受咨询的目的是让我帮助孩子考上医科大学，那么非常抱歉，我无能为力。"

听到我这么说，建宇妈妈有些不知所措："我不是这个意思……"随后她开始吐露内心的真实想法：建宇是一个聪明的孩子，现在上高中一年级。他小学时就通过考试进入了英才教育学院，而且参加过数学与科学小天才的节目，小学六年一直都当班长。了解了这些后，我大致可以猜想到建宇妈妈为什么想要儿子考医科大学了。

随后我仔细看了建宇妈妈提交的咨询申请书，她勾选孩子的问题包括成绩退步以及跟同学和老师的关系不好。原本学习不错的儿子突然说他不想读书了，妈妈以为他只是感到累了，发一发牢骚而已，没想到他竟然开始跟一些奇怪的朋友厮混。升入初中后，建宇整天泡在网吧玩游戏，不想听父母说的任何话。父母不给他零花钱，他就大喊大叫、乱扔东西。父母看着孩子的成绩一直退步，叫他别跟那些朋友鬼混，他竟然顶嘴，让父母不要管他，还多次在外玩到凌晨才回来。

建宇妈妈说，自己的孩子是跟那群狐朋狗友在一起后才变坏的，她希望孩子可以与那些朋友断绝来往。听完她的讲述，我有点儿郁闷。建宇妈妈一进咨询室就先拜托我帮助她的孩子考医科大学，现在又要求我帮她劝说儿子与那些朋友断绝来往。这些要求都不是我这个心理咨询师能够做到的，而我最不能认同的是，妈妈将孩子的问题全都归咎于外部因素。建宇妈妈自顾自地说个不停，连我这个专业咨询师都听得心烦意乱，甚至产生了这样的念头："我下次绝对不再接待这样的妈妈了。"虽然有可能会得罪她，但是我必须把自己的看法坦诚地表达出来，这样才能决定接下来的事情，于是我说：

"先跟您说声抱歉，我不认为孩子出问题跟遇到坏朋友有关。他是一个聪明的孩子，就算遇到一两个坏朋友，也不至于变成那样。虽然我说这些话，您听了会不舒服，但我必须坦诚地跟您说，这样您才能决定要不要继续下去。您说建宇小学时是一个非常优秀的孩子，那他本人对自己在这段时期的表现同样感到骄傲吗？"

妈妈叹了一口气告诉我，孩子并不这么认为。虽然他的能力足以去英才教育学院听课，但他始终不想去，偶尔还会偷偷逃课。妈妈说看到孩子这种消极的态度,她又气又急,所以经常批评和教育他。总而言之,妈妈在建宇出生时便为他设定好了梦想,但孩子却被妈妈强加给自己的宏伟梦想压垮了。

  我对建宇这个孩子充满了好奇,他虽然拥有卓越的能力,但却要承受如此巨大的压力,我很心疼,也很想帮助他。但建宇拒绝接受心理咨询,而我又无法仅凭妈妈的片面之词就给予他帮助或制订治疗方法,于是我劝建宇做一下心理测验。所幸,他同意接受测验,以便了解自己的智商、心理状态、职业倾向和未来的出路等。

## 我也不知道自己为什么会这样

  在进行心理测验的过程中,建宇说的话令我非常心痛。他对于进英才教育学院这件事是开心的,虽然他感到有点儿疲惫,但那毕竟不是谁都能进的地方,他对此十分自豪。那里的学业压力很大,里面比他优秀的人也非常多。可是只要他显露出疲惫的神态,妈妈就会告诫他不要懈怠,要继续努力。因此,当升入初中时,他早已身心俱疲。

  后来,妈妈准备让他上重点高中,因此送他去大峙洞[①]的

---

[①] 位于韩国江南区,是一流讲师和富家学子的聚集地,被称为"韩国高端补习班一条街"。

补习班。在补习班中,建宇更加受挫。他的英语口语水平一般,有一次朋友与他发生争执,竟然用英语来羞辱他,他一时怒起,便对其拳脚相加。从此以后,自尊心受伤的建宇彻底放弃了学习英语。在一次自己很有把握的数学考试中失利后,他的压力更大了。从那时候起,建宇仿佛变了一个人。期待孩子上重点高中的妈妈看见孩子这副模样,内心变得焦虑不安。同样,建宇面对咄咄逼人的妈妈也很痛苦,因此开始在外游荡,不想回家。

接受了心理测验并得知分析结果后,建宇的心态发生了变化,他表示自己愿意接受6次心理咨询。我问为什么是6次,他回答道:"我想大概6次我就能讲完心中所有的话。"虽然他无法用语言表达自己内心的变化,但他的某些方面确实正在发生改变。针对我与他妈妈交谈时所产生的疑问,我询问了建宇:

"听说你经常和妈妈说不了几句话就生气,是吗?"

"是的,确实如此,但你知道我生气的原因吗?"

"因为愤怒?"

"对,这样说也没错,但还有另一个真正的原因。那就是唯有我生气,妈妈才会停止唠叨。"

"所以你生气是为了让妈妈停止唠叨?你一定很辛苦吧!"

"当然,每次我都要大吼大叫,妈妈才会停下来。"

"那她不会越来越生气吗?"

"会啊!但不知道为什么,最初妈妈一开始唠叨,我就会不由自主地伤心落泪。妈妈一看到我哭，就会说我什么都做不好，只知道哭，反而会更加严厉地教训我。后来我索性比她先发脾气，就这样，我俩互相大吼大叫。要不是因为妈妈，我也不会这样做。现在，大吼大叫似乎成了我俩的习惯。"

建宇的行为固然有问题，但这些问题不能只归咎于他一个人。不知道大家能否感受到他的迷茫与痛苦，在我眼里，建宇是一位孤独且迷茫的青少年。有一次，他突然问我：

"我的人生全毁了吧？"

"你自己觉得呢？"

"我不知道。"

"遭遇这样的事情，变成现在这种情况，都不是你愿意的啊！你还小，怎么能说人生毁了呢？"

"我以后会变成什么样？"

"你以后会变成什么样，我也无法下定论。但你想往哪个方向走呢？"

"什么意思？"

"我是问你想要朝哪个专业方向努力？往不同的方向走，最终的结果也会不一样。"

最后这个问题他没有回答，大概是脑海中浮现了各种想法吧！一个孩子的内心该有多么不安，才会问这种问题啊，真令人心疼。事实上，与妈妈所说的不同，建宇非常担忧自己现在的状态，跟朋友玩耍或是反抗妈妈的时候，他的心情也不平静。为了让悲观消极的建宇能够客观地看待自己，我提出了另一个问题：

"这是一位上高三的哥哥的故事，你听完后说说自己的感想。这位哥哥在升入高中前，学习非常认真刻苦，可是上了高中后，他却沉迷于游戏，不好好学习，也不听父母的管教。直到第一次模拟考试搞砸后，他才意识到问题的严重性，于是开始接受心理咨询。那位哥哥现在非常担心自己的人生就这样毁了，不知道该怎么办才好。听完这个故事，你对这位哥哥有什么想法吗？除此之外，我还有3个问题想问你：第一，这位哥哥的人生真的毁了吗？第二，他以后应该以怎样的面貌生活？第三，你觉得这位哥哥是怎样的人？"

"一时贪玩，不能算毁了吧！打起精神学习，成绩很快就会提升的，不是吗？担心自己的未来，说明他有所醒悟，以后不会像以前那样浑浑噩噩地过日子了。只要他从现在开始努力学习就行了，即使时间真的不够用也没关系，大不了复读一年。他如果对自己不听父母劝告而感到抱歉，以后别再这样就好了。最重要的是，他能对自己的生活有所反思，代表他的本质不坏，不是吗？"

虽然我改编了一些情节，但这个故事说的其实就是建宇自己。我之所以这么做，是因为如果让青少年评价自己，他们往往就会有所顾虑，只有将自己换作第三者，他们才能开诚布公地进行评价。

"哇，真棒。你说的这些话，我会如实地转达给那位哥哥。不过，在我听来，你刚刚那番话仿佛也是说给自己的，对吗？"

"我的问题更严重，不过我也会慢慢好起来的，是吧？"

建宇笑着回答，他笑得很灿烂。

"医生，现在的我还不错吧？"

"倘若我说不是，就不是吗？我说是，就是吗？你自己的想法才是最重要的，你怎么想呢？"

"我觉得自己还不错。"

**建宇需要妈妈扮演的角色**

现在该纠正妈妈对待建宇的态度了。孩子在接受心理咨询的过程中会慢慢改变，但如果父母在家对待他的态度一成不变，孩子就很可能会重新陷入恶性循环之中。现在我们来探讨一下建宇妈妈的情况,为什么她要一味地督促孩子学习呢?

建宇妈妈属于典型的"直升机父母"①,儿子的一切事情她都要掌控。爸爸在家庭中的存在感很低,他除了偶尔陪孩子玩耍,几乎什么也不管。因此,妈妈负责打理孩子生活的方方面面。为了孩子的学习,妈妈牺牲得最多,也投资了非常多的金钱。所以妈妈让建宇接受心理咨询,与其说是为了他的心理健康,不如说是希望他能变回以前那个聪明好学的小孩,轻轻松松进入重点高中,最终考上名牌大学。

这一类型的父母对孩子的控制欲非常强,孩子无论做什么,都要在他们的掌控之下。孩子无法自由选择,导致其自我满足的经历少之又少。我非常理解在这类父母的控制下,孩子在成长过程中感受到的压抑和痛苦。

对建宇妈妈来说,当看到孩子当上班长,得到众人的称赞时,她会非常满足,就像自己获得了成功一般。如今看到孩子变成这副模样,她也非常受挫,心中充满怨恨和痛苦,仿佛孩子背叛了她。妈妈还忘不掉孩子小学时聪慧的模样,确信孩子只要下定决心,就一定能恢复如初,所以她非常执着于纠正孩子的态度。

可令人惋惜的是,妈妈只是一味地关注孩子的成绩和入学

---

① 指的是由于"望子成龙""望女成凤"心切,过度介入孩子生活的一种父母类型,他们就像直升机一样盘旋在孩子的身边,时时刻刻监控孩子的一举一动,故有此称谓。

考试，却没意识到良好的亲子关系的重要性。她不懂得孩子真正想要的是什么，而且她的性格强势，凡事都要提前规划好，无法接受与自己不同的想法。最让建宇生气的一点是，妈妈对他的态度总是前后不一。

妈妈允许建宇在休息期间玩游戏，可是当建宇真的玩起游戏时，她却一直瞪着眼睛看他打游戏，这令建宇非常气愤，他觉得妈妈根本就不相信自己。可是妈妈未能意识到孩子需要真正的休息，需要无拘无束的自由空间。她之所以让孩子休息或玩乐，也只是为了让他更好地学习。当建宇的情绪爆发时，她虽然嘴上说休息一会儿没关系，但是只要建宇拿起手机，她就开始拐弯抹角地指点起来。就这样，孩子玩得不尽兴，妈妈管得没效果。在孩子看来，妈妈是说一套做一套；在妈妈看来，孩子的要求她都满足了，可孩子还是不好好学习。因此，两人的关系不断恶化。

很多青少年曾在这个问题上与父母发生过摩擦和冲突，他们埋怨父母不了解自己复杂的心理状态，埋怨父母口是心非，埋怨父母虽然嘴上说学习不是最重要的，但是又经常强迫他们学习。他们也很想集中注意力学习，可是就是做不到，面对这样的状况，他们也很痛苦和无奈。可父母根本就不了解他们的心情，只是一味地责问他们为什么只顾着打游戏和看电视。其实他们不是单纯地喜欢打游戏或看电视，而是做这些事能够让他们暂时忘却内心的痛苦。青少年也希望自己能赶快度过这段时期，摆脱困境。那么身为父母，我们应该如何帮助孩子呢？

## 建宇是一个优秀的孩子

"我来接受心理咨询并不仅仅是为了自己,我希望妈妈也可以从中受益并做出改变。"

建宇希望妈妈也可以改变,他希望通过心理测验向妈妈展示自己内心的痛苦,希望妈妈能够理解他人、反省自己。因此,根据建宇的心理测验结果,以及我和母子二人谈话所了解的信息,我再次和建宇妈妈进行了一番交谈。首先,我问她如何看待自己孩子的学习潜力。

"这孩子很聪明。小时候我还没正式教他识字,他自己就会了,我感觉自己好像捡到了宝。我小时候不怎么聪明,父母也不太关心我,因此当我发现儿子资质聪慧时,我仿佛拥有了全世界。"

听建宇妈妈这么说,我似乎有些理解她过去的行为了。她在成长过程中遭遇了很多苦难,弄得自己伤痕累累,于是非常渴望人生能有所改变。因此她看着优秀的儿子,就仿佛看到自己未能实现的梦想有了实现的可能。建宇妈妈接着说:

"医生您第一次见到我的时候,被我的话吓到了吧?我说来接受心理咨询是为了让孩子上医科大学。其实,这句话是我不由自主地脱口而出的。我也知道这句话听起来给人的感觉不好，但不知为何我却把藏在心底的话说了出来。我以前从没亲口说过希望他能考上医科大学这种话，生怕说出这种话会折了福气。"

建宇妈妈对我这么说，我终于感到安心了，看来我们可以继续开展后面的课题了。如果她没有这一点自我认知，恐怕我们之间的沟通就要费一番功夫了。这个一直珍藏在心底、从不轻易说出口的梦想，其实是她自己的梦想。有鉴于此，我帮她制订了一份心理咨询计划：

一、审视自己和孩子的关系。

只有亲子关系变好，孩子才会吐露内心的想法。方法如前所述，比如营造与孩子一起欢笑的时光，以及向孩子表达感谢等。随后建宇妈妈开始尽力尝试，坚持实践。

二、认识到自己想要通过孩子来实现自我梦想，以满足自己的心理需求。

因为妈妈申请的是孩子的心理咨询，而非自己的心理咨询，所以我没有太多时间听取她培养孩子和自我成长的经历。对妈妈来说，她需要解决的心理课题是未完成的学业，由于家境贫困，她虽然学习不错，但不得不进入职高就读。她一直很羡慕考上大学的人，所以才会拼命地鞭策儿子。不过，她已经做得比自己的妈妈更好了，至少她拥有支持孩子做任何事情的经济能力。

三、为了孩子的心理修复和健康成长，妈妈必须要明确自己的角色与界限。

除了照顾孩子的衣食住行，妈妈还需要找到正确的方法来守护孩子脆弱的内心。以前她经常以不恰当的行为来表达对孩子的关爱和尊重，比如因为爱孩子，所以责骂他；为了让孩子能够拥有好的前途，强迫他用功读书等。因此，妈妈需要改善自己的行为，明确自己的角色和界限。

孩子早上醒来的时候、吃饭的时候、赖床的时候、走到玄关穿鞋的时候、放学回来的时候、躺在沙发上发呆的时候、不想写作业的时候、抱怨身心疲惫的时候、和朋友长时间聊天的时候、拿手机看网络漫画的时候……妈妈需要学习如何在这些时候跟孩子更好地沟通。

四、妈妈要在练习沟通的同时接受心理咨询，以发掘自身的优点，激发自己的潜力。

"建宇这么聪慧，您怀他的时候，都进行了哪些胎教？您都唱了哪些摇篮曲？跟睡着的建宇都说了些什么？建宇第一次喊妈妈的时候、蹒跚学步的时候、跌倒的时候、缠着您不停发问的时候，以及不睡觉吵着要听故事的时候，您都是怎么做的？"

我和建宇妈妈聊了一会儿，她的优点渐渐浮现：她以前喜欢跟孩子说话，喜欢对着孩子笑，她也很擅长倾听孩子说话。

当孩子吵着要妈妈念故事给他听的时候，她总是耐心地满足孩子。她一边说，一边回忆建宇小时候的情景，忍不住又哭又笑，仿佛突然间找回了从前的自己。

五、妈妈要真正理解孩子内心的无助和痛苦，认识到虽然自己以前在培养孩子的过程中做得不错，但后来由于自己的焦虑和贪心，亲子关系渐渐疏远。

我为她进行的心理咨询内容如下：

- 认真思考孩子的优点。
- 试图理解孩子的内心，看到他为改善自己与妈妈之间关系所做的努力。
- 亲子之间彼此敞开心扉，体验互相理解的感觉。
- 妈妈与孩子手牵手，四目相对。妈妈为自己以前的行为向孩子道歉，抚慰他受伤的心。

我给建宇妈妈大概做了10次心理咨询，她很努力地按照我说的方法去做，孩子的行为也逐渐有所改善。我最后一次邀请建宇和妈妈进行心理治疗的时候，给孩子讲了一些妈妈的心声和过往的故事，然后请妈妈真心向他道歉。刚开始，建宇有些害羞和尴尬，但过了一会儿，他开始愿意跟妈妈吐露心声了。他告诉妈妈自己内心的痛苦，埋怨妈妈不理解自己，也很抱歉自己不够努力。当他说到很抱歉没能达到妈妈的期望时，母子俩的眼眶都湿润了。

在母子二人的努力下，建宇开始一点点地步入正轨。他开始直面自己的学习问题，端正自己的学习态度，主动搜寻适合自己的学习方法，并开始积极规划各个科目的学习计划。

妈妈以前过度积极的行为给建宇带来了巨大的压力，在意识到自身的问题以后，妈妈做出了很大的改变，她与孩子之间的关系也从互相对抗转变为互相鼓励。虽然他们在日常生活中难免还会出现一些摩擦，但是这一次修复关系的经验，足以让他们有能力在往后的生活里解决各种争执和冲突。

最后，我建议建宇妈妈去学习一些自己感兴趣的知识。在这个终身学习的时代，每个人都能通过各种渠道学习各种知识。听到我的建议，建宇妈妈感到非常意外，她表示自己从没想过可以这么做。她不过40岁出头，却认为自己的人生已经无法改变，所以她才将所有希望寄托在孩子身上。我非常期待心理咨询结束后，建宇妈妈除了能够修复亲子关系，还能找到一条属于自己的道路。

# 后 记

## 与青少年沟通的 10条原则

○
○
○

父母都期望自己的孩子能够健康快乐地成长,成为比自己更加优秀的人。如果你想成为优秀的父母,或者你感觉自己与孩子之间的关系需要改善,那么就请你认真阅读这本书。

下面的10条原则是我根据自己多年的心理咨询经验总结出来的,它们能有效改善亲子关系,愿你能在其中找到适合自己的亲子沟通方法。

**1. 和孩子的日常对话要包含"对不起""谢谢你"和"我爱你"。**

如果不希望孩子养成暴躁、易怒的性格，父母就要懂得在犯错的时候向孩子道歉，在需要感谢孩子的时候跟他说声"谢谢你"。很多父母碍于面子无法做到主动向孩子道歉，或者因害羞而从来不跟孩子表达感谢和爱意，殊不知这样只会让亲子关系越来越疏远。感到抱歉的时候说声"对不起"，该感谢的时候说声"谢谢你"，这样孩子才能感受到尊重。孩子只有打开自己的心扉，才会接受父母的爱意。最后，父母再以"我爱你"三个字结束这一天吧！

**2. 用"幸好有你"替代"都是因为你"，换一种心态和说法。**

当孩子做错事情时，父母在盛怒之下经常会忍不住想要责骂孩子，脱口而出"都是因为你……"这样的话。不过，父母如果能转换一下心态，从"幸好有你"的角度去思考孩子的所作所为，就能有效平复心中的怒气，并对孩子的健康成长充满感恩。

**3. 每天和孩子一起做一件快乐的事情。**

亲子共度欢乐时光是修复彼此关系的最佳方法,也是孩子获取心理能量的源泉。在这段美好的时光里,亲子间的一言一行都能成为欢笑的引爆点。

**4. 当孩子正在经历挫折或失败的时候,父母请陪在他的身边。**

当孩子成绩退步或交友不善时,父母自然会感到难过,但更加难过的是孩子本人。这时父母可以送给孩子一个小礼物,并告诉他:"这一切都会过去,无论你遇到什么困难,爸爸妈妈永远都会陪伴在你身边。"

**5. 一定要遵守和孩子的约定。**

父母一定要遵守和孩子的约定。倘若孩子要求的事情不现实或父母心有余而力不足,父母就一定要明确地拒绝,这样孩子才会更有安全感。父母如果没能遵守约定，就必须真诚地向孩子道歉，并尽力弥补。这样才能让孩子产生自己被认同与尊重的感觉。

**6. 生气时切勿和孩子沟通。**

父母在盛怒之下所说的话几乎跟语言暴力没有什么区别。这时，父母说得越多越容易情绪激动，以至于对孩子破口大骂，导致亲子关系更加恶化。所以，父母在情绪激动时切勿说话，应该等心情平复后再和孩子理性地沟通。

**7. 不要强迫孩子做他不想做的事。**

父母如果希望孩子在某件事上有所作为，就应该先激发孩子主动做事的意愿。因为除非孩子愿意，否则谁都没有办法让孩子做好他不想做的事。

**8. 启发孩子以新的视角思考问题。**

当孩子不听教诲时,父母不应该一味地指责孩子叛逆、不听话,因为这样等于否认了孩子的思考能力。父母要做的是启发孩子的思维,从而提升其思考力和判断力,所以父母可以换一种说法:"你是不是有自己的想法?你可以冷静下来,跟爸爸妈妈说一说你的想法吗?"

**9. 在尚未跟孩子建立良好关系之前,父母对孩子无任何影响力。因此,请先修复亲子关系吧!**

如果父母尚未跟孩子建立良好的关系,他们是不会听父母的教诲的。青少年不喜欢颐指气使的大人,而喜欢与他们平等沟通的大人。因此,父母可以准备一些孩子喜欢吃的零食,和他们一同坐下聊聊天,这样或许会更有效。

**10. 以孩子喜欢的方式表达爱意。**

虽然父母不需要满足孩子的每一个要求，但若孩子提出的要求并不过分，比如想要一双当下流行的运动鞋，父母就可以通过减少其他方面的开销来满足他的需求，以示自己真心想要满足他的愿望。孩子看到父母对自己付出的真心，内心自然会非常感动。因为大部分青少年都不擅于表达自己内心的情感，所以即使孩子没有任何反馈，父母也无须感到失落。